É URGENTE REEDUCAR!

Paiva Netto

É urgente reeducar!

Elevação

Produção editorial: *Editora Elevação*
Revisão: *Equipe Elevação*
Impressão: *Editora Parma*
Foto de capa: *João Periotto*
Capa: *Jonny César*
Diagramação: *Felipe Tonin, Helen Winkler e Jonny César*

A primeira edição desta obra foi publicada em 2000

Depósito legal na Biblioteca Nacional conforme
Decreto nº 1.825, de 20 de dezembro de 1907

Dados Internacionais de Catalogação na Publicação (CIP)
(Câmara Brasileira do Livro, SP, Brasil)

Paiva Netto
É urgente reeducar! / Paiva Netto. -- São Paulo :
Elevação, 2010.

ISBN 978-85-7513-184-8

1.Ecumenismo 2. Educação 3. Educação afetiva 4. Espiritualidade
5. Legião da Boa Vontade 6. Pedagogia I. Título.

10-05941 CDD-370

Índices para catálogo sistemático:

1. Pedagogia do Afeto : Princípios de espiritualidade ecumênica : Educação 370
2. Pedagogia do Cidadão Ecumênico : Educação 370

Rua Doraci, 90 — Bom Retiro — São Paulo/SP — Brasil
CEP 01134-050 — Tel.: (11) 2836-6478
www.elevacao.com.br — info@elevacao.com.br

SUMÁRIO

NOTA DOS EDITORES:
CONFIRA, A PARTIR DA PÁGINA 161, EXTRATOS DE *CIDADANIA DO ESPÍRITO*, AGUARDADO LIVRO DE AUTORIA DE PAIVA NETTO.

No ensino reside a grande meta a ser atingida, já! E vamos mais longe: somente a Reeducação, até mesmo dos educadores, como preconizava Alziro Zarur, pode garantir-nos tempos de prosperidade e harmonia. É urgente reeducar-se para poder reeducar.

Do autor

Tratado do Novo Mandamento de Jesus

A Espiritualmente Revolucionária Ordem Suprema do Divino Mestre representa o diferencial da LBV, base de todas as ações e programas socioeducacionais da Instituição.

Ensinou Jesus, o Cristo Ecumênico, o Divino Estadista:

"Novo Mandamento vos dou: Amai-vos como Eu vos amei. Somente assim podereis ser reconhecidos como meus discípulos, se tiverdes o mesmo Amor uns pelos outros. O meu Mandamento é este: que vos ameis como Eu vos tenho amado. Não há maior Amor do que doar a própria Vida pelos seus amigos. E vós sereis meus amigos se fizerdes o que Eu vos mando. E Eu vos mando isto: amai-vos como Eu vos amei. Já não mais vos chamo servos, porque o servo não sabe o que faz o seu senhor. Mas tenho-vos chamado amigos, porque tudo quanto aprendi com meu Pai vos tenho dado a conhecer. Não fostes vós que me escolhestes; pelo contrário, fui Eu que vos escolhi e vos designei para que vades e deis bons frutos, de modo que o vosso fruto permaneça, a fim de que tudo quanto pedirdes ao Pai em meu nome, Ele vos conceda. E isto Eu vos mando: que vos ameis como Eu vos tenho amado. Porquanto, da mesma forma como o Pai me ama, Eu também vos amo. Permanecei no meu Amor".

(Tratado do Novo Mandamento de Jesus, reunido por Paiva Netto, consoante o Evangelho do Cristo de Deus segundo João, 13:34 e 35; 15:12 a 17 e 9.)

Se esta obra é de homens,
não triunfará. Mas se é de Deus,
não a combatais, pois estareis
combatendo o próprio Deus.

Gamaliel
(Atos dos Apóstolos de Jesus, 5:38 e 39)

Respondendo Pedro e João aos sinedritas, disseram: "Não podemos deixar de falar daquilo que vimos e ouvimos. (...) Importa antes agradar a Deus que aos homens".

(Atos dos Apóstolos de Jesus, 4:19 e 20)

JOINVILLE/SC

TERESINA/PI

Nota dos editores – Ao longo do livro, reproduzimos registro fotográfico de algumas das unidades e ações socioeducacionais da LBV do Brasil e do exterior. Trata-se de pequena amostra do gigantesco trabalho, desenvolvido diariamente, para aplicar a Pedagogia da Boa Vontade, preconizada pelo autor desta obra literária.

Aqui se estuda.

Formam-se Cérebro e Coração.

Pensamento de Paiva Netto da década de 1970, exposto nas escolas da LBV do Brasil e do exterior desde a inauguração da Supercreche Jesus, em São Paulo/SP, no dia 25 de janeiro de 1986.

Arquivo Elevação

A estabilidade do mundo começa no coração da criança. Por isso, na LBV, há tantos anos, aplicamos a Pedagogia do Afeto e a Pedagogia do Cidadão Ecumênico.

Do autor

Enquanto não prevalecer o ensino eficaz por todos os de bom senso almejado, o Brasil padecerá cativo das limitações que a si próprio se impõe.*

PAIVA NETTO

---

* Na entrevista que Paiva Netto concedeu à jornalista portuguesa Ana Serra, em 19/9/2008, descreve comentário do notável ex-presidente e ex-primeiro-ministro de Portugal Mário Soares, que, em visita ao ParlaMundi da LBV, em 1996, ao ver estampado o pensamento acima numa das paredes do local, no dia em que lá também esteve o nosso amigo Pelé, Atleta do Século 20 e ganhador da Comenda da Ordem do Mérito da Fraternidade Ecumênica do ParlaMundi da LBV, também no mesmo ano, na categoria *Esporte*, de forma entusiástica, que é sua característica, virou-se para ele e exclamou: — Mas por que só o Brasil?! Isto é válido para o mundo inteiro!, razão por que, cumprindo a sugestão do extraordinário estadista, estendeu esses dizeres para quem deles quiser valer-se em qualquer país. O dr. Mário Soares, na ocasião, foi homenageado com a referida Comenda, na categoria *Hors-Concours*.

Consolador – óleo sobre tela –
Carl H. Bloch (1834-1890)

Jesus, o eterno Educador

Paiva Netto

Tudo fica para trás, Jesus permanece!
Ele disse:

— *Passará o Céu, passará a Terra, mas as minhas palavras não passarão* (Evangelho segundo Lucas, 21:33).

Alguém, ao sentir-se ofendido com essas minhas palavras, pode exclamar:

— *Ah, Irmão Paiva, mas e minha mãe, e meu pai, e os companheiros que partiram?!...*

Mas quem disse que eles se foram?! Apenas ocorre o que descreveu o talentoso escritor e poeta português Fernando Pessoa (1888-1935):

— *A morte é a curva da estrada. Morrer é só não ser visto.*

Ora, na verdade, os mortos não morrem!

É preciso esclarecer, então, que nessa minha assertiva procuro exaltar o sentido de eternidade do que realmente é perene neste mundo: o Amor fraterno, exemplificado pelo Divino Mestre em sacrifício por todos nós. O verdadeiro Amor nunca se extingue, *ipso facto*, persiste sempre, mesmo durante as piores tormentas.

Da *Antologia da Boa Vontade* (1955), fui buscar esta página memorável:

Pequeno apólogo chinês

Li-Chi-Kin, o sábio dos sábios, mandou vir todos os livros das regiões de Hou-Hou e dos países de Yuê. Meditara longamente as máximas de Tao-Te-Ching e desejava escrever o Tratado de Toda a Sabedoria. Li-Chi-Kin, o sapientíssimo, mandou encadernar um grande infólio de mil e uma páginas, em branco, para escrever a súmula de toda a Sabedoria. E leu todos os livros.

Ao fim do seu labor paciente, que durara muitos anos e fatigara os seus olhos serenos, numa tarde de inverno, vendo correr as escuras águas do Shâ, o sábio resolveu escrever: tomou do seu pincel, embebeu-o em nanquim, acendeu a lâmpada e ficou em silêncio.

Todos supunham que Li-Chi-Kin levaria outros muitos anos desenhando as mil páginas do Tratado de Sabedoria. Entretanto, nessa mesma tarde de inverno, deu por terminada sua obra.

Convocou todos os sábios de Hou-Hou e de Yuê, abriu o grande livro e lhes mostrou o fruto do seu labor. O livro das mil páginas só tinha uma escrita e, nela, uma única palavra: AMOR.

Li-Chi-Kin, o sábio dos sábios, cofiando a barbicha real, que lhe escorria do queixo pontudo, pôs os olhos além do horizonte enevoado do Shâ e, com a sua voz mansa, disse:

— Sim, esta palavra é tudo. Resume toda a sabedoria: o Amor é a causa de tudo o que existe. Por ele chegaremos a todas as perfeições. Pelo Amor é que conseguimos ver um pouco de luz nas trevas que nos envolvem, conhecendo assim um pouco do desconhecido. O Amor rege os astros e as plantas, os seres e as coisas, o sol, o mar, o mais humilde dos vermes e o destino humano. E só pelo Amor se revela aos homens um pouco do mistério da existência: e isso é tudo o que devemos saber, porque tudo mais é inútil e vão.

"Deus é Amor", definiu João, Evangelista e Profeta, em sua Primeira Epístola, 4:16:

> *— E nós conhecemos, e cremos no Amor que Deus nos tem.* ***Deus é Amor****; e quem está em Amor está em Deus, e Deus nele.*

E essa é a grande lição que o Discípulo Amado aprendeu com o Divino Mestre Jesus. E, *"na verdade, nada existe fora desse Amor"*, concluía Zarur.

João Preda

Taguatinga/DF

Apresentação

"Em Educação, o esforço da LBV é notável. (...) Paiva Netto está trazendo uma metodologia inédita que precisa de professores especializados que não estão disponíveis na praça e, portanto, terão de ser preparados dentro de uma sistemática original e revolucionária do ponto de vista pedagógico."

Arnaldo Niskier
Escritor, professor, membro da ABL e presidente do CIEE-RJ

EDUCAR, O PAPEL DE CADA UM

Suelí Periotto

Na Educação está a saída para os grandes problemas do país e até para os dilemas que ocorrem nos lares. Apesar dessa máxima mais do que consagrada, a verdade é que, geralmente, passa-se longe desse caminho. Muitos culpariam a *fluidez* do tempo, cada vez mais escasso, ou a falta de ferramentas eficazes para cuidar de filhos, netos, sobrinhos ou quem mais esteja sob o raio de nossa influência.

É revigorante, pois, verificar que o Ideal Fraterno e o compromisso com a Educação de qualidade estão na ordem do dia na Legião da Boa Vontade. E as obras literárias do dirigente da LBV, o escritor, jornalista e educador Paiva Netto, consolidam algo novo e bom: o recurso para uma vida melhor que surge, naturalmente, pela abrangência e profundidade com que aborda o assunto. Pela praticidade e clareza de suas teses, elas se tornam aplicáveis tanto pelo cidadão comum como pelo profissional da área pedagógica. O mérito maior do autor é falar à nossa essência, a exemplo do que ele próprio preceitua acerca do papel de formar *"Cérebro e Coração"*.

A pedagoga Suelí Periotto é supervisora da Pedagogia da Boa Vontade e diretora do Instituto de Educação José de Paiva Netto (São Paulo/SP).

Para fundamentar sua proposta, ele utiliza a experiência de 54 anos de trabalho na LBV, instituição que há mais de 60 anos se devota a educar com Espiritualidade Ecumênica. São décadas de atuação em uma das causas mais importantes no mundo: a construção da Cultura de Paz, priorizando a valorização da pessoa como um Ser integral e, ao mesmo tempo, propondo uma alternativa ecumênica ao modelo pedagógico que, ainda, superestima o raciocínio em prejuízo do conteúdo socioafetivo e intuitivo.

Pedagogia da Boa Vontade, Pedagogia do Afeto, Pedagogia do Cidadão Ecumênico (PCE), Pedagogia de Jesus, Pedagogia do Amor, Pedagogia do Carinho e Pedagogia da Solidariedade. Todos esses termos remetem à proposta educacional ecumênica a que Paiva Netto tem se dedicado, no aprimoramento da Pedagogia de Deus, antevista por Alziro Zarur (1914-1979), a qual propõe a educação e a reeducação do Ser Humano e de seu Espírito eterno sustentadas em *"Jesus, o Grande Educador dos Povos"*, na definição do saudoso fundador da LBV.

Neste *É urgente reeducar!*, todo aquele interessado em evoluir ou ajudar o próximo a crescer como cidadão pode beneficiar-se do conhecimento das bases dessa vanguardeira proposta educacional, aplicada com sucesso nas escolas, programas, campanhas e projetos socioeducativos da LBV. Um trabalho solidário em expansão, que já produz frutos além das fronteiras do Brasil — atualmente, a Instituição mantém bases autônomas na Argentina, no Paraguai, no Uruguai, na Bolívia, em Portugal e nos Estados Unidos.

O presente texto do dirigente da LBV reflete o caráter inovador de uma linha de ensino permeada por valores espirituais e éticos, comprometida a lançar luz nas questões intrínsecas e perturbantes da Educação e da Cidadania, como a violência e a evasão escolar. "*Em Educação, o esforço da LBV é notável. (...) Paiva Netto está trazendo uma metodologia inédita que precisa de professores especializados que não estão disponíveis na praça e, portanto, terão de ser preparados dentro de uma sistemática original e revolucionária do ponto de vista pedagógico*", ressaltou certa vez o escritor e professor Arnaldo Niskier, membro da Academia Brasileira de Letras (ABL) e ex-secretário de Cultura do Estado do Rio de Janeiro, atualmente presidindo o Centro de Integração Empresa–Escola (CIEE-RJ), do Rio de Janeiro.

Para o também professor Paulo Nathanael Pereira de Souza, doutor em Educação, ex-secretário de Educação do município de São Paulo, reitor da Universidade São Marcos e membro dos Conselhos de Educação Federal e do Estado de São Paulo, em artigo intitulado "Brasil e a globalização", de fevereiro de 1998, a educação do futuro "*será, mais do que nunca, fruto da feliz conjunção entre valores profissionais, valores humanos e qualidades individuais*". E afirmou o educador: "*E isso a LBV já faz, inspirada no pensamento humanístico e espiritualista de Paiva Netto. Educa para o crescimento pessoal do educando e sua inserção na sociedade em mudança que o cerca. Quero cumprimentar esse líder que criou um modelo diferente, mais eficiente de educação, que pode servir de referen-*

cial a muitas organizações e escolas que parecem ter perdido o rumo de suas realizações. Nele se juntam o idealizador e o realizador, o que é raro, pois geralmente quem idealiza não viabiliza os projetos que concebe. Com o Paiva, o que se pensa se faz e quem lucra é a Humanidade".

Nos capítulos que seguem, o escritor e jornalista Paiva Netto explica o pensamento que norteia as iniciativas da Legião da Boa Vontade por um mundo melhor e que bem pode transformar nossa vida, seja no lar, na escola, no trabalho, enfim, na existência cotidiana em sociedade, que ele defende seja Solidária, Altruística, Ecumênica. Prova disso é que, desde que assumiu a liderança da Instituição, há mais de três décadas, modernizou e consolidou a LBV como um dos maiores movimentos humanitários do planeta. É o pragmatismo a serviço do Bem.

Pedagogia do Afeto e Pedagogia do Cidadão Ecumênico

A Pedagogia do Afeto é direcionada às crianças de até 10 anos de idade, enquanto a Pedagogia do Cidadão Ecumênico contempla a aprendizagem dos educandos na faixa etária a partir dos 11 anos. Acerca do trabalho voltado à infância, afiança o educador Paiva Netto: *"(...) A estabilidade do mundo começa no coração da criança. Por isso, na LBV, há tantos anos, aplicamos a Pedagogia do Afeto e a Pedagogia do Cidadão Ecumênico".*

O mérito da aplicação dessa linha educacional se evidencia nos resultados positivos verificados nas escolas da LBV, segundo o dr. Mário César Batista, ex-secretário municipal da Criança e do Bem-Estar Social de Itu/SP. *"Quando a gente entra na LBV, realmente vê quanto tem sido feito pelas crianças. É um salto quântico na Física; um grande salto de qualidade para o Ser Humano. Trata-se de uma alavancagem na vida delas, muito à frente do Estatuto da Criança e do adolescente. Quer dizer, a Legião da Boa Vontade, muito antes de 1990 — enquanto pensávamos em Estatuto da Criança e do Adolescente, quando a Constituição já previa isso —, antevia esse futuro, já pensava assim, estando adiantada nesse sentido."*

Também opinou o sociólogo Pedro Demo, professor titular do Departamento de Sociologia da Universidade de Brasília (UnB) e ex-presidente da Organização Mundial para a Educação Pré-Escolar: *"Essa alternativa da LBV é importante com toda a sua proposta de ensino voltada para os carentes, em especial, para a educação infantil comunitária. (...) A preocupação da LBV é de qualidade, uma coisa extraordinariamente bem bolada. (...) Até porque toda a didática da educação infantil só pode ser criativa se passar pelo lúdico. A criança na Legião da Boa Vontade se expressa, fala, pensa e se realiza também brincando.* ***A LBV faz uma oferta de qualidade para o pobre. Ela não faz para o pobre uma oferta pobre.*** *A Legião da Boa Vontade hoje é um patrimônio nacional, tem uma longa história".* (O destaque é nosso.)

Apostando na formação completa do indivíduo, essa proposta percebe-o como um Ser espírito-biopsicossocial — pois já traz consigo o registro de experiências que contribuirão para o aprendizado. Fundamenta-se nos valores nascidos do Amor Fraterno, preparando a pessoa para a vivência da Cidadania Ecumênica, firmada no exercício pleno da Solidariedade Planetária, que, por sua vez, se traduz no preceito imortal do Cristo Ecumênico, o Seu Novo Mandamento: *"Amai-vos como Eu vos amei. Somente assim podereis ser reconhecidos como meus discípulos"* (Evangelho de Jesus segundo João, 13:34 e 35).

Para a aplicação da proposta pedagógica da LBV, foi desenvolvida uma metodologia própria: o MAPREI (Método de Aprendizagem por Pesquisa Racional, Emocional e Intuitiva). (*Vide* o *Manual da Pedagogia do Afeto e da Pedagogia do Cidadão Ecumênico*[*1]). Trata-se de uma ferramenta de aprendizagem facilitadora do imenso desafio de formar cidadãos mais fraternos, o que de nenhuma maneira significa dizer desprovidos de senso crítico ou despreparados para enfrentar um mundo de riscos e reveses, consoante pondera o educador Paiva Netto.

A razão de embasar o ensino em valores éticos e espirituais está associada diretamente ao princípio socioeducacional da LBV de valorizar a integralidade do Ser Humano, pois contempla não apenas sua aptidão intelectual, mas

---

[*1] **Manual da Pedagogia do Afeto e da Pedagogia do Cidadão Ecumênico** — adquira o seu pelo Clube Cultura de Paz: 0300 10 07 940.

também a potencialidade interior, que vem do seu Espírito eterno. Assim, colabora para a transformação da consciência rumo à formação de uma sólida estrutura social comprometida com ideais solidários, a exemplo do que propõem os Oito Objetivos de Desenvolvimento do Milênio (ODMs), conjunto de metas lançado pelas Nações Unidas em 2000.

A respeito dessa mentalidade, Leslie Wright, representante da Virginia Gildersleeve International Fund nas Nações Unidas, durante visita ao Centro Educacional, Cultural e Comunitário da LBV, no Rio de Janeiro/RJ, comentou: *"É bonito ver a filosofia da Legião da Boa Vontade, que trabalha a Cultura de Paz desde cedo com as crianças. Uma Educação como esta criará um futuro muito melhor para a Humanidade. Há tantas coisas terríveis pelo mundo... Por isso, é maravilhoso ver um lugar como este, no Rio de Janeiro*[*2]*, no meio de quatro favelas, dando esperança para estas comunidades, ajudando as crianças e seus familiares, de forma que as pessoas com quem elas entram em contato possam ser influenciadas e, assim, haja a possibilidade de um mundo bem mais positivo. A LBV realmente cumpre os Objetivos de Desenvolvimento do Milênio da ONU, porque há duas bases para eles: a primeira são os direitos humanos, que pude ver que a LBV põe em prática; e a segunda é a Paz; não há desen-*

---

*2 A dra. Leslie Wright refere-se ao Centro Educacional, Cultural e Comunitário da LBV, no Rio de Janeiro/RJ – Av. Dom Hélder Câmara, 3.059 – Del Castilho.

volvimento sem a Paz no ambiente. Acho que todas as organizações não governamentais que fazem esse trabalho de base com Espiritualidade devem ser aplaudidas".

Para o aprofundamento nos estudos desenvolvidos pelo preconizador dessa proposta educacional, deve-se recorrer à ampla bibliografia dele. Atualmente, os livros de Paiva Netto superam a marca dos 4 milhões de exemplares vendidos (inclusive, títulos lançados em diversos idiomas, entre os quais árabe, chinês, espanhol, esperanto, francês, inglês e russo). Há também um vasto acervo *on-line* na página oficial do escritor (paivanetto.com), disponível em sete idiomas. Além do conteúdo em publicações especiais, tais como: *Ciência e Fé na Trilha do Equilíbrio, Questão de Vida e Morte,* BOA VONTADE Mulher, BOA VONTADE Ecumenismo, *Globalização do Amor Fraterno, Paz para o Milênio* e *Sociedade Solidária,* todas encaminhadas à Organização das Nações Unidas para as reuniões de Alto Nível do Conselho Econômico e Social da ONU (Ecosoc), no qual a LBV possui *status* consultivo geral desde 1999.

Mais uma característica marcante do dirigente da LBV, atento às novas tecnologias, é utilizar a mídia como instrumento de ação solidária por uma Cultura de Paz. A exemplo das publicações, a Boa Vontade TV e a Super Rede Boa Vontade de Rádio (relação de emissoras na página 253) são importantes veículos desse Ideal Fraterno, sempre presente em pronunciamentos memoráveis do criador dessa Pedagogia. Por acreditar que a Educação não está apenas circunscrita à escola, Paiva Netto mostra quão importante pode ser cada indivíduo no processo educacional de um povo. Conforme ele tem reiterado: *"No ensino reside a grande meta a ser atingida, já! E vamos mais longe: somente a Reeducação, até mesmo dos educadores, como preconizava Alziro Zarur, pode garantir-nos tempos de prosperidade e harmonia"*.

Suelí Periotto,
supervisora da Pedagogia da Boa Vontade e diretora do Instituto de Educação José de Paiva Netto (São Paulo/SP).

Belém/PA

Arquivo Elevação

André Fernandes

O Instituto de Educação José de Paiva Netto, da LBV, em São Paulo/SP (na imagem, o pátio), demonstra que Educação de qualidade, Solidariedade e a indispensável Espiritualidade Ecumênica são as chaves do êxito da Pedagogia do Afeto e da Pedagogia do Cidadão Ecumênico, preconizadas por Paiva Netto. Na fachada do Instituto (no destaque), o dirigente da Instituição fez colocar esta máxima de Aristóteles: ***"Todos quantos têm meditado na arte de governar o gênero humano acabam por se convencer de que a sorte dos impérios depende da educação da mocidade".***

É URGENTE REEDUCAR!

Documento remetido por Paiva Netto, em diversos idiomas, aos chefes de Estado, alto comissariado, representantes do setor privado e sociedade civil de mais de 100 países, reunidos pela ONU em sua sede, em Viena, Áustria, durante o High-Level Segment *2000, do Conselho Econômico e Social das Nações Unidas (Ecosoc), no qual a LBV possui* status *consultivo geral, e acrescido de outros importantes comentários do autor.*

Os Editores

Os Seres Humanos — portanto, os cidadãos, entre eles os esperançosos jovens — são muito mais do que um saco de carne, ossos, músculos, nervos, sangue. Amam e sofrem. Sonham, desejam, constroem, frustram-se e, apesar de tudo, prosseguem, vão em frente... Merecem, além de leis, respeito para que elas jamais constituam obscuros privilégios e possam ser cumpridas em benefício de todos (...).

É URGENTE REEDUCAR!

Cuida do Espírito, reforma o Ser Humano. E tudo se transformará*[1].

Aristóteles

Arquivo Elevação

Educar é transformar. Reeducar, sob os auspícios da Paz, do Amor e da Justiça, bafejada pela Bondade, é sublimar o caráter.

É de Aristóteles*[2] (384-322 a.C.) o ensinamento a seguir:

> — *Todos quantos têm meditado na arte de governar o gênero humano acabam por se convencer de que a sorte dos impérios depende da educação da mocidade.*

Tem razão o estagirita.

Educação e Cultura com Espiritualidade Ecumênica para o povo, desde a infância, destacam-se entre as preocupações antissectárias maiores da Legião da Boa Vontade (LBV), ao lado de sua aplaudida Promoção Humana e Social (...). Aliás, na verdadeira Democracia — que deve ser entendida e

---

*[1] Este pensamento de Paiva Netto se encontra no seu livro *Ao Coração de Deus — Coletânea Ecumênica de Orações* (1991), também publicado pela Editora Elevação.

*[2] Leia resumo biográfico na página 189.

vivenciada como o regime da responsabilidade — todos têm direito à liberdade de expressão, manifestada com o necessário sentido de dever e bom senso, alcançado com o amadurecimento espiritual, ético, portanto, democrático; e mais: o direito ao Trabalho, à Segurança, à Saúde, à Alimentação, à boa Educação, à Cultura, ao Lazer (Alegria sem baixaria). Tudo isso com a indispensável espiritualização do sentimento, em qualquer estágio histórico do progresso das nações.

Alziro Zarur

Arquivo Elevação

No ensino reside a grande meta a ser atingida, já! E vamos mais longe: somente a Reeducação, até mesmo dos educadores, como recomendava o jornalista, radialista, poeta, pregador religioso e político Alziro Zarur*[3] (1914-1979), é capaz de garantir-nos tempos de prosperidade e harmonia.

Sem temor

Porém, como escrevi em meu livro *Reflexões e Pensamentos — Dialética da Boa Vontade* (51ª ed., 1987, p. 160) e anteriormente no *Jornal da LBV* (janeiro de 1984), (...) quando falamos na **união** de todos pelo bem de todos, alguns podem atemorizar-se, pensando em capitulação de seus pontos de vista na enfadonha planura de uma aliança despersonalizada, o automatismo humano deplorável. Não é nada disso. Na Democracia, todos têm o dever (muito mais que o direito) de — honestamente (quesito básico) e com espírito de tolerância — enunciar seus ideais, sua maneira de ver as coisas. Entretanto, ninguém tem o direito de odiar a pretexto de pensar diferente nem de viver intimidado pela mesma razão. Dizia Gandhi*[4] (1869-1948) que *"divergência de opinião não deve ser jamais motivo para hostilidade"*. E foi por nisso acreditar que o Mahatma se tornou, com certeza, o personagem principal da independência do seu povo.

É, ainda, do sábio indiano esta notável afirmativa quanto à necessidade de se fomentar a Cultura de Paz nos corações para vencer as animosidades entre os diferentes:

Arquivo Elevação

Gandhi

> — *Que seus pensamentos sejam positivos porque eles se transformarão em palavras. Que suas palavras sejam positivas porque elas se transformarão em ações. Que suas ações sejam positivas porque elas se transformarão em valores. Que seus valores sejam positivos porque eles determinarão seu* ***destino****.*

Destino traz à mente o fulgor das crianças, nas quais pensávamos ao nos referir a um ensino de qualidade, logo no início do artigo. E lhes apresento resultado desse esforço, quando benfeito, nas palavras de um Soldadinho de Deus, que vem crescendo sob as asas da Pedagogia do Afeto, bandeira de vanguarda da LBV. Letícia Tonin tinha 7 anos quando disse: ***"O Amor é maior do que tudo, mesmo que as pessoas sejam diferentes"***.

---

*[3] Leia resumo biográfico na página 189.
*[4] Leia resumo biográfico na página 190.

O dever de expressar suas opiniões, mesmo que com o calor natural à defesa das teses, todavia sem espírito de cizânia, de modo civilizado, não significa que — para viger a Democracia — Você tenha de transformar-se a qualquer preço no vencedor. Pelo contrário, democrático é saber conviver também com a derrota. Quem com isso não pode conviver não sabe o que é Democracia, que, por sinal, é o regime da responsabilidade.

Democracia espiritual — proposta da LBV

Ao lançar, em 21 de outubro de 1991, a Pedra Fundamental do Parlamento Mundial da Fraternidade Ecumênica, o ParlaMundi da LBV, na Quadra 915 Sul de Brasília/Distrito Federal, Brasil, recomendei no *Manifesto da Boa Vontade*:

O Parlamento Mundial da Fraternidade Ecumênica nasce sob o sinete da Democracia, porém não a meramente eleitoral, partidária. (...)

Pregamos a Democracia não somente na Política, mas em todas as áreas da vida humana, em especial na Religião, que deve andar na vanguarda, por força de sua tarefa de Paz na Terra; senão, para que serviria? É uma ação de humildade, que, para ser frutífera, precisa, antes de tudo, estar revestida pela couraça da coragem sadia, aquela que não aprova violência em nome de um Deus que é Amor e Salvação. Alziro Zarur, o homem que deu início à LBV, costumava afirmar:

— O maior criminoso do mundo é aquele que prega o ódio em nome de Deus.

E mais: que

— governar é ensinar cada um a governar a si mesmo.

Ninguém definiria melhor o sentido mais profundo do Ensino para uma nação forte no Terceiro Milênio.

Amicucci Gallo

Paulo Parisi

Ver além do intelecto

Declarei, na entrevista que concedi ao veterano jornalista italiano, radicado no Brasil, Paulo Rappoccio Parisi, em 10/10/1981, que, na Legião da Boa Vontade, pugnamos por Educação e Cultura aliadas à ação iluminante da Espiritualidade Ecumênica. Aliás, para que se faça a síntese sublime **entre as luzes do intelecto e o Sol do Conhecimento Espiritual**, a LBV avança pioneiramente para trazer às salas de aula — conquanto vimos consolidando a Pedagogia do Cidadão Ecumênico, ou Cidadão Solidário, e a Pedagogia dos Sentimentos Bons, do afeto (para as crianças das creches da LBV), nos seus órgãos de ensino — a capacitação para o discernimento ético, visando à Vida eterna, e o que é também importante: aplicada aos concretos desafios da existência terrena. Assim como na geometria cartesiana, é preciso fazer com que a Educação material (eixo dos xis ou eixo das abscissas) encontre o saber proveniente das mais elevadas esferas da Sabedoria Divina, que é o Amor (eixo dos ípsilons ou eixo das ordenadas). O sábio entende e utiliza a inteligência, a intelectualidade, o conhecimento técnico ou específico em prol dos Seres Humanos. Ora, entretanto, há tanta gente inteligentíssima fazendo o mal neste planeta. Por acaso é sábia a pessoa que prejudica o semelhante? Não é! **Ganhemos, pois, a Sabedoria com Jesus, que, sendo Mestre em Israel e, centenas de anos depois, um dos mais respeitados profetas do Islã, lavou os pés de Seus irmãos**, segundo a narrativa de João, no capítulo 13 do quarto Evangelho canônico. Salomão, em Provérbios, 16:16, escreveu:

> — *Melhor do que o ouro é adquirir sabedoria, e adquirir discernimento é melhor do que a prata.*

E aí estaremos no caminho certo, para iluminar o Espírito sob **uma Claridade que não produz sombras: Deus.**

Arquivo Elevação

Albert Einstein

* * *

Deus naturalmente entendido como Amor, jamais aquele antropomorfizado, que tinha o solene repúdio de Albert Einstein[*5] (1879-1955). Ou, para os que não creem Nele,

---

*5 Leia resumo biográfico na página 191.

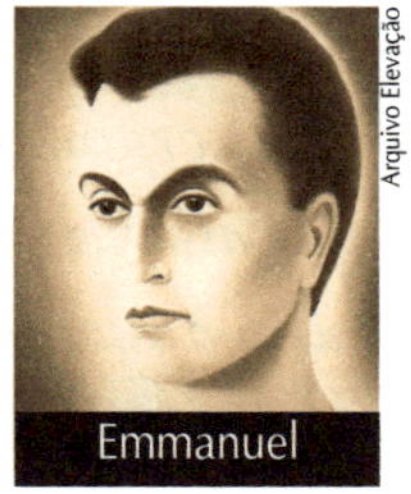

Emmanuel

Chico Xavier

a dos mais sublimes sentimentos que justificam a sobrevivência da raça humana, apesar de séculos e séculos de sandices de tantos que, *lato sensu*, a governaram, pois não são somente os que habitam os palácios que o fazem. (...) Na entrada do Instituto de Educação da LBV, em São Paulo, e nas escolas da LBV no Brasil e do exterior, encontra-se em destaque: **Aqui se estuda. Formam-se Cérebro e Coração.** Um carece do outro.

Emmanuel[*6], no subtítulo "Crianças", em seu livro *Fonte Viva*[*7], psicografia de Francisco Cândido Xavier[*8] (1910-2002), inspirado no versículo 10 do Evangelho de Jesus segundo Mateus, capítulo 18: *"Vede, não desprezeis os pequeninos..."*, escreveu:

Crianças

EMMANUEL

Quando Jesus nos recomendou não desprezar os pequeninos, esperava de nós não somente medidas providenciais alusivas ao pão e à vestimenta.

---

*6 Leia resumo biográfico na página 191.

*7 XAVIER, Francisco Cândido. Emmanuel. *Fonte Viva.* 29ª edição. Rio de Janeiro: FEB, 1956, p. 353.

*8 Leia resumo biográfico na página 192.

Não basta alimentar minúsculas bocas famintas ou agasalhar corpinhos enregelados. É imprescindível o abrigo moral que assegure ao espírito renascente o clima de trabalho necessário à sua sublimação.

Muitos pais garantem o conforto material dos filhinhos, mas lhes relegam a alma a lamentável abandono.

(...)

Não desprezes, pois, a criança, entregando-a aos impulsos da natureza animalizada.

(...)

O prato de refeição é importante no desenvolvimento da criatura, todavia, não podemos esquecer que "nem só de pão vive o homem".

Lembremo-nos da nutrição dos meninos, através de nossas atitudes e exemplos, avisos e correções, em tempo oportuno, de vez que desamparar moralmente a criança, nas tarefas de hoje, será condená-la ao menosprezo de si própria, nos serviços de que se responsabilizará amanhã.

Bem a propósito, num documento que enviei à ONU, por ocasião da Conferência do *Status* da Mulher, em março de 2009, reafirmo que a estabilidade do mundo começa no coração da criança. Por isso, na LBV, há tantos anos, aplicamos a Pedagogia do Afeto e a Pedagogia do Cidadão Ecumênico. (...) O afeto que inspira a nossa linha pedagógica, tomado em seu sentido supino, é, além de um sentimento de Alma elevado, uma **estratégia política**, igualmente compreendida na sua índole mais exalçada, em consonância com a Justiça Social, como uma **estratégia de sobrevivência** para o indivíduo, povos e nações. Os Seres Humanos — portanto, os cidadãos, entre eles os esperançosos jovens — são muito mais do que um saco de carne, ossos, músculos, nervos, sangue. Amam e sofrem. Sonham, desejam, constroem, frustram-se e, apesar de tudo, prosseguem, vão em frente... Merecem, além de leis, respeito para que elas jamais constituam obscuros privilégios e possam ser cumpridas em benefício de todos (...).

A comunicação "faz a cabeça"

A mídia igualmente tem essencial papel na Educação, em particular com as crianças. O que se vê hoje é a deseducação da infância, pela violência, pela pornografia, pela falta de uma estrutura de valores e princípios que levem à segurança íntima diante dos desafios de um mundo em constante transformação. E a base infantil periclitante se desdobra pela adolescência e pelos tempos de adulto. Uma lástima! Alguns argumentam que os meios de comunicação não fazem a cabeça de ninguém. Ora, se assim fosse, por que as empresas investiriam tanto em publicidade nos horários de maior audiência? Chega a ser uma luta encarniçada entre elas para conquistar os melhores espaços.

As crianças devolvem o que recebem

Em 2 de março de 1996, ao entregar ao povo o Centro

Educacional, Cultural e Comunitário da LBV, localizado na zona norte do Rio de Janeiro/RJ, tive o ensejo de discorrer sobre uma realidade que, passada mais de uma década, continua tão atual:

(...) Reclama-se de que crianças e jovens na rua assaltam, matam, invadem as casas, aborrecem as outras crianças e jovens que têm meios mais fartos de viver. Elas, porém, apenas estão devolvendo o que lhes oferecem. Se lhes dão lixo, como iriam retribuir? Então por que reclamar? Esta questão da infância e juventude na rua merece séria reflexão, para que sejam tomadas medidas acertadas. Segundo estatísticas, a quantidade de crianças e jovens de rua que existem em cidades como Rio de Janeiro, São Paulo, Belo Horizonte, Salvador e outras é menor do que se proclama pelo mundo. (...) O problema não são somente os que se encontram abandonados tristemente pela rua; são também os menores que vivem em casas aos pedaços, nas favelas, embaixo dos viadutos, como vemos nos jornais, ou mesmo os que residem em belos apartamentos e casas e são, no entanto, tão indigentes, tão carentes quanto aqueles que não têm um travesseiro sobre onde reclinar a cabeça. O problema é, no mínimo, falta de civilidade, **não apenas de dinheiro**. Porque a LBV, com doações que recebe, faz uma Obra que merece o elogio do mundo, honrando o nosso amado país.

Sinto uma emoção muito grande ao lembrar a manifestação do grande Apparício Torelly*[9] (1895-1971), o Barão de

Itararé (que era comunista, o que demonstra que a LBV é a Casa de todos), a respeito da Legião da Boa Vontade:

Apparício Torelly

— *A LBV é a demonstração inequívoca da capacidade realizadora do povo brasileiro (...).*

E é mesmo!

Grande diferencial da metodologia da LBV

Em outro improviso, aos microfones da Super Rede Boa Vontade de Rádio, em 17 de junho de 1999, pude reiterar:

Fazemos todo o esforço para socorrer as crianças, instruí-las, consequentemente livrá-las do perigo da ignorância, de maneira que possam tornar-se adultos equilibrados, e o mesmo fazemos com as moças e com os rapazes. Por isso, esses que são responsáveis por eles têm de estar sob acompanhamento e em capacitação continuada, mas sem esquecer o grande diferencial dos nossos empreendimentos de Boa Vontade, que é o Cristo de Deus, visto de maneira assectária, libertária, acima de grilhões, de patrulhamentos humanos de qualquer natureza. A Boa Nova Dele — entendida em Espírito e Verdade à luz do Seu Mandamento Novo — não alimenta intolerâncias. Suas lições são tão elevadas e a erudição que elas promovem tão extensa, que costumo afirmar que Jesus é uma conquista diária.

---

*[9] Leia resumo biográfico na página 192.

Cidadania Planetária

Daí ser nosso lema, há tanto proclamado, *Educação e Cultura, Alimentação, Segurança, Saúde e Trabalho* ***com Espiritualidade Ecumênica***, porquanto é o berço dos mais generosos valores que nascem da Alma, a morada das emoções e do raciocínio iluminado pela intuição, a ambiência que abrange tudo o que transcende ao campo vulgar da matéria e provém da sensibilidade humana sublimada, a exemplo da Verdade, da Misericórdia, da Moral, da Ética, da Honestidade, do Amor Fraterno. Em suma, a constante matemática que harmoniza a equação da existência humana, mental, moral e espiritual. Ora, sem esse saber de que existimos em dois planos, portanto não unicamente no físico, fica difícil alcançarmos a Sociedade realmente Solidária, porque continuaremos a ignorar que: o conhecimento da Espiritualidade Superior eleva o caráter das criaturas e consequentemente o direciona à construção da Cidadania Planetária.

Mundo Espiritual, Ciência e microscópio

Há também — o que é essencial destacar — a Espiritualidade Ecumênica compreendida como a vivência do Ser nas **Esferas Invisíveis**, nas quais a Vida se estende perenemente. Enfim, o Mundo Espiritual! Não existe?! Por quê? Por que a Ciência contemporânea ainda não o reconhece?! Igualmente não admitiu o microcosmo, que era um universo invisível, até a invenção do microscópio. Não faz muito tempo os alérgicos sofriam a suspeição de diversos clínicos, pois ninguém conhecia o ácaro... até o advento dos instrumentos ópticos mais modernos para a investigação do hábitat desses organismos infinitamente pequenos.

E, se tivermos por referencial a vastidão do firmamento, veremos que somos minúsculos participantes da grande engrenagem evolutiva do Universo, a nos conduzir ao aprendizado e à vivência do Amor fraterno, ensinado por Jesus, o Educador Celeste. Carl Sagan*[10] (1934-1996), um irmão ateu, famoso astrônomo e escritor norte-americano, captou essa realidade:

— *Para pequenas criaturas como nós, a imensidão é suportável somente através do amor.*

Arquivo Elevação
Carl Sagan

Realmente, como a todo instante lhes tenho recordado, **o Amor é o grande campeão das mais difíceis batalhas**, para crentes ou descrentes. Afinal, somos todos Seres Humanos sequiosos da presença do indefectível Amor em nossas vidas, necessitados de ser compreendidos, e até mesmo de compaixão, desde reis a plebeus.

---

*[10] Leia resumo biográfico na página 192.

Novo Mandamento de Jesus, Solidariedade Mundial e Voltaire

A respeito da necessidade constante do espírito solidário nos relacionamentos pessoais, entre as comunidades e entre as nações, cumpre lembrar o Novo Mandamento de um Grande Pedagogo, Jesus dessectarizado, portanto ecumênico, quando ensina:

— *Amai-vos como Eu vos amei. Somente assim podereis ser reconhecidos como meus discípulos, se tiverdes o mesmo Amor uns pelos outros. O meu Mandamento é este: que vos ameis como Eu vos tenho amado. Não há maior Amor do que doar a própria Vida pelos seus amigos. E vós sereis meus amigos se fizerdes o que Eu vos mando. E Eu vos mando isto: amai-vos como Eu vos amei. Já não mais vos chamo servos, porque o servo não sabe o que faz o seu senhor. Mas tenho-vos chamado amigos, porque tudo quanto aprendi com meu Pai vos tenho dado a conhecer. Não fostes vós que me escolhestes; pelo contrário, fui Eu que vos escolhi e vos designei para que vades e deis bons frutos, de modo que o vosso fruto permaneça, a fim de que tudo quanto pedirdes ao Pai em meu nome, Ele vos conceda. E isto Eu vos mando: que vos ameis como Eu vos tenho amado. Porquanto, da mesma forma como o Pai me ama, Eu também vos amo. Permanecei no meu Amor* (Evangelho de Jesus segundo João, 13:34 e 35; 15:12 a 17 e 9).

E também esta afirmativa de Voltaire[*11] (1694-1778):

— Desde a Índia até a França, o Sol não vê mais do que uma família imensa, que deveria reger-se pelas leis do Amor. Mortais, somos todos irmãos.

Arquivo Elevação
Voltaire

O Mandamento Novo do Cristo, o Divino Estadista, e a reflexão do polêmico filósofo iluminista francês constituem dois fortes pilares de uma sociedade que queira viver distanciada do suicídio coletivo das guerras de todos os tipos, cada vez mais incontrolavelmente destruidoras.

* * *

Jesus, o Cristo Ecumênico

Em 1989, durante entrevista ao produtor de documentários da TV polonesa, então vice-presidente da Associação Universal de Esperanto, jornalista Roman Dobrzyński, ao ser perguntado como podia pregar o Ecumenismo Irrestrito falando em Jesus, repeti o que já dissera anteriormente aos Legionários da Boa Vontade:

A grande tarefa da Religião de Deus é dessectarizá-Lo, pois Jesus é o Cristo Ecumênico, e concluí: O Divino Senhor não é um rancoroso exclusivista. Ele é um Ideal Celeste de Humanidade, Amor, Solidariedade, Justiça para todos os Seres

*[11] Leia resumo biográfico na página 192.

Em 1989, o jornalista polonês Roman Dobrzyński entrevista Paiva Netto.

Humanos e Espirituais. Jesus é uma conquista diária para os que têm sede de Saber, de Justiça, de Fraternidade, Liberdade e Igualdade*[12], segundo a Lei Universal da Reencarnação, *"que dá a cada um de acordo com as obras de cada um"* (Mateus, 16:27). (...) Revelar o excelso significado do Seu Evangelho e do Seu Apocalipse, sem sectarismos, é destacado serviço que a Religião de Deus está prestando à sociedade do mundo (...).

*[12] **Liberdade, Igualdade e Fraternidade** — Dístico da Revolução Francesa (1789).

São Paulo/SP

Pedagogia da Boa Vontade:
Pedagogia do Afeto e Pedagogia do Cidadão Ecumênico

Cuiabá/MT

A nossa ferramenta para erigir o ***Cidadão Ecumênico*** *(religioso ou não) é algo de que não podemos prescindir: o espírito universalista, cujo instrumental seja a Solidariedade, iluminando mentes e sentimentos.*

Pedagogia da Boa Vontade[*13]

Pedagogia do Afeto e Pedagogia do Cidadão Ecumênico

Trago, por oportuno, algumas considerações que apresentei ao dirigir-me, de improviso, ao corpo docente dos centros de ensino da Legião da Boa Vontade e que foram publicadas, em trechos, no jornal *Correio Braziliense*, da capital do Brasil, em fevereiro de 2000:

(...) A nossa meta é a grandeza do Espírito humano, o construtor de tudo. E, assim como o corpo precisa de sustentação, nossa parte eterna necessita do alimento transubstancial, sem o que adoece. Por esse motivo aqui está a Pedagogia do Cida-

*13 **Pedagogia da Boa Vontade** — Trata-se da proposta pedagógica preconizada por Paiva Netto, que propõe um modelo novo de aprendizado, aliando Cérebro e Coração. Essa linha educacional possui fundamentalmente dois segmentos: a Pedagogia do Afeto e a Pedagogia do Cidadão Ecumênico. É aplicada com sucesso na rede de ensino e nos programas socioeducacionais desenvolvidos pela Legião da Boa Vontade, no Brasil e no exterior. *"Fundamenta-se nos valores oriundos do Amor Fraterno, trazido à Terra por diversos luminares, destacadamente Jesus, o Cristo Ecumênico, o Divino Estadista"*, como afirma o criador da proposta, o educador Paiva Netto. Na Pedagogia do Afeto, o enfoque é sobre

dão Ecumênico. A saúde para o Espírito está singularizada no Amor Fraterno, *"princípio básico do Ser, fator gerador de Vida, que está em toda parte e é tudo"*. (...) Não há maior sofrimento do que a ausência dele (...), vigoroso alicerce de comunidades sadias, porquanto **a reforma do social deve vir pelo espiritual**, isto é, pelas forças internas da criatura, que a tornam poderosa e indestrutível no seu ideal altruísta. Disse Jesus:

— *O Reino de Deus está dentro de vós* (Evangelho do Cristo segundo Lucas, 17:21).

Ninguém pode algemar, portanto, a Alma de um Ser liberto pelo conhecimento da Verdade iluminada pelo Amor Divino. Daí a virtude incomensurável do saber conduzido pelo sentimento bom que possibilita a sobrevivência humana: **o da Justiça aliada à Fraternidade**.

Justiça, Bondade *versus* Vingança

Confúcio[*14] (551-479 a.C.), citado por mim no livro *Apocalipse sem medo*, definiu:

---

as crianças de até 10 anos de idade, unindo sentimento ao desenvolvimento cognitivo dos pequeninos, de forma que carinho e afeto permeiem todo o conhecimento e os ambientes de suas vidas, incluído o escolar. Na continuidade do processo de aprendizagem, a Pedagogia do Cidadão Ecumênico é direcionada à educação de adolescentes e adultos, dispondo o indivíduo a viver a Cidadania Ecumênica, firmada no exercício pleno da Solidariedade planetária.

— *Pague a Bondade com a Bondade, mas o mal com a Justiça.*

Já tive oportunidade de considerar que o sábio pensador chinês, ao se referir à justiça, não alude à vingança.

Com muito acerto escreveu o filósofo e pedagogo francês Allan Kardec[*15] (1804-1869):

Allan Kardec

— *A Justiça não exclui a Bondade.*

Evidentemente, porque Justiça não significa desforra. Aristóteles em *Ética a Nicômaco,* seu filho, ensinou que:

— *In medio virtus est (A virtude se encontra no equilíbrio).*

A Ciência descobre a prece

Como Vocês sabem, procuramos primeiro falar aos corações. É nosso desejo, em vista disso, que seja clarificado não somente o cérebro, mas também o sentimento, e que jamais sejam esquecidas as ligações permanentes com o Mundo Espiritual Superior. Para que essa sintonia persista para todo o sempre, existe o exercício da prece, hoje investigado pela judiciosa Ciência, que nele tem encontrado agradáveis surpresas de desconhecidas capacidades do Ser Humano.

[*14 e 15] Leia resumo biográfico na página 193.

[Do meu ensaio *Os mortos não morrem*, um trecho bem apropriado para esses comentários:

Dirigindo-se, na audiência geral das quartas-feiras, em 2 de novembro de 1983, aos peregrinos reunidos na Basílica de São Pedro, em Roma, o papa João Paulo II[*16] (1920-2005) declarou:

— *O diálogo com os mortos não deve ser interrompido, pois, na realidade, a vida não está limitada pelos horizontes do mundo...*

Destaco o excepcional valor das orações também no capítulo “Jesus, o Pão Vivo que desceu do Céu — I”, da 84ª edição de *As Profecias sem Mistério,* no qual apresento as considerações do cientista francês dr. Alexis Carrel (1873-1944), Prêmio Nobel de Medicina de 1912, e o estudo “Efeitos da Prece na Saúde”, realizado pela Faculdade de Medicina da Universidade de Brasília (UnB), na capital do país.]

A prece de um cético e o amplo sentido da oração para religiosos e ateus

Apresento, para surpresa de alguns, a prece de um homem, citado anteriormente, tido como cético, ateu e ma-

---

*16 Leia resumo biográfico na página 193.

terialista irremediável. Seu nome? François Marie Arouet (Voltaire). Na verdade, não era ateu no sentido que desejavam imputar-lhe. O que não aceitava eram os desmandos, fossem políticos ou religiosos, comuns em sua época, anterior à Revolução Francesa. O autor de *Cartas Filosóficas* (1734) irritava-os com sua inteligência notável.

Chegou um momento em que deve ter pensado: *"Não há solução; temos de procurar uma força maior"*. E lembrou-se de Deus, que nada tem a ver com as dissensões entre Seres Humanos, que usam e abusam do seu livre-arbítrio, sofrendo, *ipso facto*, as consequências dos excessos praticados.

A prece do célebre crítico francês é para que todos a apreciem. Façam seus pedidos. Deus pode atendê-los. Ou, se não acreditarem no Criador, pensem no que de bom Vocês possuem dentro de si próprios ou de si mesmas, de forma que essas qualidades supinas lhes ressurjam com maior intensidade.

Para os Irmãos ateus existe a meditação, que se compara ao ato da prece. Não se deve perder a oportunidade de fortificar a Alma, no que seja benéfico à Criatura Humana, por questões de diferença de opinião religiosa, ideológica, cultural etc. As leis físicas, que regem a sobrevivência do corpo, são iguais para crentes e descrentes. Trata-se de uma verdade ecumênica científica palmar.

Prece de Voltaire*[17]

Não é mais aos homens que me dirijo — é a Ti, ó Deus de

todos os seres, de todos os mundos e de todas as épocas! Se for permitido a fracas criaturas perdidas na imensidade e imperceptíveis ao resto do Universo ousar suplicar-Te alguma coisa, a Ti que tudo deste, a Ti cujos decretos são imutáveis e eternos, digna-Te a olhar com piedade os erros ligados à nossa natureza; que esses erros não constituam calamidades. Tu não nos deste coração para nos odiar nem mão para nos estrangular; faze com que nos ajudemos mutuamente a carregar o fardo de uma vida penosa e passageira; que as insignificantes diferenças entre as vestimentas que cobrem nossos corpos, entre nossas línguas insuficientes, entre todos nossos hábitos ridículos, entre todas nossas leis imperfeitas, entre todas as nossas condições tão desproporcionadas a nossos olhos e tão iguais diante de Ti; que esses pequenos matizes que distinguem os átomos chamados homens não sejam sinais de ódio e de perseguição. Possam todos lembrar que são Irmãos! Se as desgraças das guerras são inevitáveis, não nos odiemos, não nos destruamos uns aos outros no seio da paz e empreguemos o instante de nossa existência a louvar igualmente em mil idiomas diversos, desde o Sião até a Califórnia, Tua Bondade, que, Senhor, nos permitiu esse momento.

---

*[17] **Prece de Voltaire** — Esta oração foi apresentada por Paiva Netto durante as transmissões de seu programa pela Boa Vontade TV, pela Rede Educação e Futuro da Televisão e pela Super Rede Boa Vontade de Rádio e consta de seu livro *Ao Coração de Deus — Coletânea Ecumênica de Orações* (volume II), lançamento da Editora Elevação.

Orar = Meditar

Em *Somos todos Profetas*[*18], afirmei que **estamos corpo, mas somos Espírito**. Orar tem similitude com meditar, repito. Podemos dizer que, se o que tem Fé reza, o descrente reflete. Ser humilde perante a Verdade é conduta das pessoas de bem, e estas se encontram entre religiosos e ateus.

O Profeta Maomé[*19] (570-632) — *"Que a paz e a bênção de Deus estejam sobre ele!"*—, na 10ª Surata, versículo 5º, do Alcorão Sagrado, traz-nos importante revelação sobre o ato de meditar:

> — *(...) Deus não criou tudo senão com prudência. Ele elucida os versículos da revelação aos sensatos.*

O instrumental da Solidariedade

A nossa ferramenta, portanto, para erigir o **Cidadão Ecumênico** (religioso ou não) é algo de que não podemos prescindir: o espírito universalista, cujo instrumental seja a Solidariedade, iluminando mentes e sentimentos. Habitamos uma única e imensa morada, a Terra. Se não marchar-

---

[*18] **Somos todos Profetas** — *Best-seller* do escritor Paiva Netto, que, com *As Profecias sem Mistério* e *Apocalipse sem medo*, integra a coleção *O Apocalipse de Jesus para os Simples de Coração*, a qual já vendeu mais de 1,5 milhão de exemplares.

[*19] Leia resumo biográfico na página 194.

mos na direção do entendimento, onde haveremos de residir se a loucura do egoísmo e da ganância não for afastada dos nossos caminhos, neste planeta em novos tempos de globalização? Sociedade mundializada, satisfações ou males no mesmo grau. É matemático.

"Que espécie de paz desejamos?"

No início da década de 1990, em uma série que fiz para rádio e TV, denominada *O Apocalipse de Jesus para os Simples de Coração*, comentei que o presidente John Fitzgerald Kennedy[*20] (1917-1963), dos Estados Unidos, já pressentira tal panorama insensato provocado pelo desprezo ao nosso orbe, como se pode inferir de seu discurso proferido em 10 de junho de 1963, em Washington, D.C.:

Arquivo Elevação

John Kennedy

— *(...) Não sejamos, pois, cegos quanto a nossas diferenças, mas dirijamos também a atenção para nossos interesses comuns e para os meios pelos quais as diferenças possam ser resolvidas. Se não pudermos, agora, pôr paradeiro a elas, poderemos, pelo menos, auxiliar a proporcionar segurança ao mundo — não obstante nossas dificuldades —, pois, em última análise, nosso elo comum e básico está em to-*

*20 Leia resumo biográfico na página 194.

dos nós habitarmos este planeta. Respiramos todos o mesmo ar. Todos nós acarinhamos o futuro de nossos filhos. E todos nós somos mortais (...).

Oswaldo Aranha, a ONU e a Paz

Oswaldo Aranha

Em 1947, o diplomata brasileiro Oswaldo Aranha[*21] (1894-1960) foi nomeado presidente da Primeira Sessão Especial da Assembleia-Geral e da Segunda Assembleia-Geral da Organização das Nações Unidas (ONU). Anteriormente ocupou, entre outros, os cargos de embaixador do Brasil em Washington e de ministro das Relações Exteriores. O biógrafo Francisco Talaia O'Donnell, em seu livro *Oswaldo Aranha*, relata:

— Discursando na ONU, ao tomar posse da presidência, em 16 de setembro de 1947, Oswaldo Aranha mais uma vez aproveitava a oportunidade para transmitir ao mundo a semente de seus ideais:

"O mundo totalitário ruiu porque quis afrontar a liberdade da consciência humana. As conquistas espirituais não são passíveis de ser alteradas pela força".

Pregando a Paz aos povos do mundo, que foi o incansável apostolado de sua vida, afirmava:

[*21] Leia resumo biográfico na página 194.

"Aqui se ensina, se doutrina e sobremodo se crê e aprendem os povos a conhecerem-se e a confiarem-se uns nos outros e todos na necessidade de um destino comum e fraternal (...)".

Rio de Janeiro/RJ

A riqueza de um país é o seu povo

Rio de Janeiro/RJ

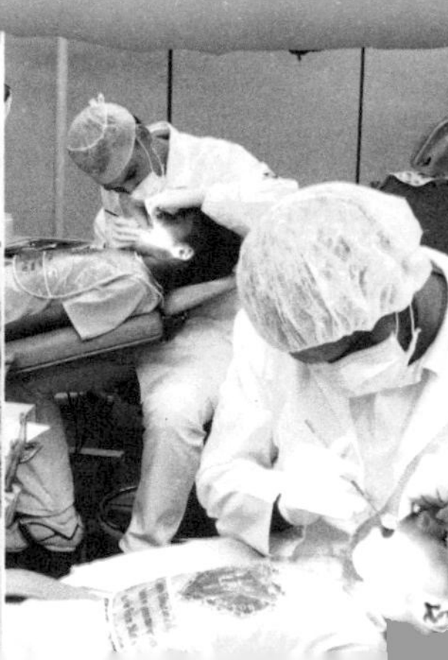

Na Legião da Boa Vontade cultivamos a Parte Divina, isto é, sublime, que existe em todos os indivíduos, esperando ser despertada para demonstrar sua eficácia no Bem, fração luminosa que cada um traz dentro de si, ao largo de crenças ou descrenças. A Misericórdia, a Compaixão, a Justiça — aliadas à Fraternidade — e outros nobres sentimentos são manifestações desse componente superior do nosso caráter.

A RIQUEZA DE UM PAÍS É O SEU POVO

Abro parênteses — na minha palestra ao corpo docente do Instituto de Educação da Legião da Boa Vontade — para transcrever uma observação esclarecedora, que integra meu artigo "O dinamismo da Paz", o qual dediquei, em agosto de 2000, aos conferencistas da Cúpula da Paz Mundial para o Milênio, realizada na sede da ONU, em Nova York/EUA:

(...) Sempre que Você ler em meus escritos ou ouvir em meus improvisos a palavra "Ecumenismo", por favor, considere o aspecto original do termo. De acordo com sua etimologia, "ecumênico" [do grego *oikoumenikós*] significa "de escopo ou aplicabilidade mundial; universal". Utilizamos esse termo em abundância porque não haverá verdadeira Paz mundial enquanto ela não for estendida a todos os habitantes da Terra. A paz dos separados é permanente convocação para novos conflitos.

IV Conferência da Mulher em Beijing (Pequim)

No meu artigo "Não há mundo sem a China", publicado na revista *International Business and Management*, em

1987, e reproduzido para os participantes da IV Conferência sobre a Mulher, ocorrida em Beijing (Pequim), em setembro de 1995, escrevi: O caminho da LBV é a Paz. Chega de guerras! A brutalidade é a lei dos chamados irracionais, não do Ser Humano, que se considera superior. Pregamos a valorização da Criatura, que é a riqueza de um país. A fortuna da China são os chineses, como a do Brasil e a das demais nações são o seu povo. (...)

O Buda e a Porção Solidária

Voltemos, então, às considerações com que me expressei aos educadores dos centros de ensino da LBV:

Por isso, na Legião da Boa Vontade cultivamos **a Parte Divina, isto é, sublime**, que existe em todos os indivíduos, **esperando ser despertada para demonstrar sua eficácia no Bem**, fração luminosa que cada um traz dentro de si, ao largo de crenças ou descrenças. A Misericórdia, a Compaixão, a Justiça — aliadas à Fraternidade — e outros nobres sentimentos são manifestações desse **componente superior do nosso caráter**. Expliquei tal conceito na oportunidade em que me dirigi, de improviso, ao público do VII Congresso Mundial da Mulher Legionária, realizado em Vitória/ES, Brasil, em 7 e 8 de maio de 1982: Tudo o que de bom existe no marido ou na esposa, no noivo ou na noiva, no namorado ou na namorada, no pai ou na mãe, no filho ou na filha, é o que podemos chamar de Parte Divina, ou Porção Solidária, que cada criatura do Criador, sabendo ou não sabendo, possui. As pessoas infelizes são as que não procuram tal poder fulgurando nelas mesmas e nos seus semelhantes. Quando vamos ao encontro dessa Nobre Parcela, tanto em nós quanto nos outros, deparamos com a felicidade verdadeira. A partir do momento em que Você alcança a Partícula Divina que habita em si própria, ou em si mesmo, adquire o privilégio de identificá-la nos demais.

Arquivo Elevação
Paulo Apóstolo

Paulo Apóstolo proclamava, em sua Primeira Epístola aos Coríntios, 3:16:

— *Vós sois o Templo do Deus Vivo.*

O Buda[*22] (563-483 a.C.) afirmava serem as criaturas, assim como todas as coisas neste orbe, constituídas de uma única essência, diferindo-se apenas umas das outras segundo as formas que adquirem, em virtude das influências exercidas sobre elas. Consequentemente, no caso dos Seres Humanos, seus atos os caracterizam. Por isso, em sua grande jornada, o fundador do Budismo não se cansava de apontar as boas ações como um dos elevados caminhos para a iluminação:

Arquivo Elevação
Buda

*22 Veja resumo biográfico na página 195.

Não façais pouco caso do mal, dizendo: "Ele não recairá sobre mim". A água, embora caindo gota a gota, acaba por encher o vaso; o mal, embora praticado pouco a pouco, acaba por encher a Alma do transgressor.

Quando um homem, depois de uma longa jornada, retorna são e salvo, parentes e amigos festejam com júbilo sua volta. Assim ocorre quando aquele que fez o Bem passa deste para outro mundo, os méritos que conquistou na vida dão-lhe as boas-vindas, como parentes dão as boas-vindas a um ser amado que volta.

O Ecumenismo das Almas

Pregamos o Ecumenismo Irrestrito, ou Ecumenismo das Almas, ou Ecumenismo dos Sentimentos Fraternos (que a tudo transcende), porquanto constitui a projeção mais elevada da Esperança dos que anseiam unir-se no soerguer de uma era feliz para os povos. Um dia, a Ciência, que com tanto progresso tem favorecido as nações, chegará à compreensão definitiva daquilo que já percebem os místicos universalistas: **somos um**.

(E, aqui, um pequeno lembrete: a razão científica, no tocante à nossa procedência espiritual, deu importante passo. Assinalei isso no artigo que redigi para a antiga revista *Manchete,* de 8 de julho de 2000, "Genoma, Ética e Fraternidade", a respeito do mapeamento do genoma humano e sua sequência descoberta pela primeira vez na História.)

Saudade?! Só do futuro!

E é por conquistas como essa e pela evolução humana, em diversas áreas do pensamento, ainda por ser alcançada, que sempre afirmei, como disse ao jornalista Paulo Parisi, em 1981, e fiz publicar em meu livro *Reflexões e Pensamentos — Dialética da Boa Vontade*, também na década de 1980: **Saudade?! Tenho-a do futuro!**

Cícero

Realmente, saudade só do futuro! É preciso olhar para a frente, com decisão e certeza de épocas melhores. Quanto ao passado, ele contribui, como ensino valioso, para que não incorramos em idênticos equívocos, de acordo com a advertência de Cícero*[23] (106-43 a.C.):

— *A História é a Mestra da Vida.*

Apesar das lições da Mestra, não há como negar que ela possui alguns maus alunos.

Gradações do Ecumenismo

Neste ponto, aproveito para destacar mais este trecho de minha publicação *Paz para o Milênio*, editada para a Conferência de Cúpula da Paz Mundial para o Milênio, realizada também em 2000 na Organização das Nações Unidas:

---

*[23] Leia resumo biográfico na página 196.

Ecumenismo — Educação aberta à Paz

Quando falamos em Ecumenismo, queremos dizer Universalismo, Fraternidade sem fronteiras, Solidariedade internacional, pois entendemos a Humanidade como uma família. Muitos, todavia, poderão pensar apenas em Ecumenismo Religioso[*24] — pelo qual tanto se bateu o pensador Alziro Zarur, com sua pioneira Cruzada de Religiões Irmanadas —, que já constitui enorme passo para a civilização, necessitada urgentemente de Paz.

Entretanto, em todos os campos, o Ecumenismo suplica ser praticado, como o demonstra a Legião da Boa Vontade, com a abrangência de suas ações em todos os setores da vida humana:

Ecumenismo na Educação
Ecumenismo na Comunicação
Ecumenismo na Política
Ecumenismo na Ciência
Ecumenismo na Arte
Ecumenismo na Filantropia
Ecumenismo na Economia
Ecumenismo no Direito

---

*24 **Ecumenismo Religioso** — Paiva Netto não considera o Ecumenismo limitado apenas às religiões cristãs nem o admite reduzido ao campo religioso. Ora, ecumênico quer dizer universal.

Ecumenismo na Filosofia
Ecumenismo no Esporte, e assim por diante.

É importante ainda destacar o Ecumenismo Racial ou Étnico; o Ecumenismo de Classe, o Ecumenismo que permeia as nacionalidades, o Ecumenismo Cultural, enfim, porquanto **não se pode perder uma vírgula que seja do conhecimento e da Fraternidade que os povos, a duras penas, conquistaram**. A contribuição à sobrevivência planetária deve partir de todos os pontos, de homens e mulheres, tribos e nações da Terra e do Céu da Terra, porque existe vida no Mundo Espiritual, como a criteriosa Ciência um dia provará, **pois os mortos não morrem**.

Por isso apregoo o Ecumenismo Irrestrito e o Total, anunciados pelo brilhantismo de Alziro Zarur, a respeito dos quais preconizo, firmado nas lições do saudoso Proclamador da Religião de Deus, as amplas áreas de atuação. Podemos, então, afirmar que o Ecumenismo Total propõe a aliança das Duas Humanidades, como pregava Zarur:

— *O segredo do governo dos povos é unir a Humanidade da Terra à Humanidade do Céu.*

Trata-se portanto de uma desafiante empreitada, a ser vencida com denodo, Razão e Fé.

Ecumenismo Irrestrito e Total

Reiterando o que lhes tenho anunciado, o **Ecumenismo Irrestrito** prega o perfeito relacionamento entre todas as criaturas da Terra. O **Ecumenismo Total** preconiza a fraterna aliança da Humanidade da Terra com a do Mundo Espiritual Superior e com qualquer civilização que possa haver no Espaço. Por que não?! Todo o Universo aí está para que apenas o fiquemos (à exceção dos astrônomos, pensadores e poetas) ociosamente apreciando?! E olhe lá, quando nos lembramos de erguer os olhos para ele... Seria pretensão de nossa parte admitir a impossibilidade da existência de outras formas de vida no Cosmos. (...) Outro ponto: nem tudo (ou todos) que lá por fora exista tem por obrigação parecer conosco. Quando o Ser Humano isso compreender, estará mais apto a vivenciar as demais etapas: **Ecumenismo dos Corações** e **Ecumenismo Divino.** Leia também "Os Quatro Pilares do Ecumenismo", que publiquei em *Reflexões da Alma**[25].

Suplantar a intolerância

Todas as animosidades que costumam dividir, segregar os Seres Humanos em grupos intolerantes, se opõem ao Ideal Ecumênico. Assim sendo, promovem a intransigên-

*[25] **Reflexões da Alma** — *Best-seller* do escritor Paiva Netto lançado pela Editora Elevação, já vendeu quase meio milhão de exemplares. Compre já o seu pelo Clube Cultura de Paz – 0300 10 07 940.

cia, contribuem para a manutenção desse estado de tensões múltiplas que poderão empurrar o mundo na direção de um conflito indescritível que ninguém, em sã consciência, pode desejar.

Vemos o Ecumenismo Irrestrito e o Total como expressões máximas do Amor e da Justiça, o eixo de gravidade de uma sociedade sadia. É o estado natural e o querer espontâneo de toda criatura quando espiritualmente integrada ao Criador, ou ao verdadeiro sentido de humanidade, e bandeira dos que, **religiosos ou não**, labutam por uma convivência planetária melhor. O Ecumenismo proposto pela LBV não impõe nada a ninguém, a não ser suscitar o convite para o entendimento natural entre gente civilizada.

O Profeta Maomé, Virtude e Piedade

Agindo assim, como acabamos de ver na transcrição de uma passagem de "O dinamismo da Paz", estaremos contemplando um Divino Desejo revelado pelo Profeta Maomé — *"Que a paz e a bênção de Deus estejam sobre ele"*:

— *Auxiliai-vos na virtude e na piedade.*

Virtude e piedade: duas pilastras essenciais ao sentimento humano, conceito sublime que, um dia, **será incorporado à ação política das nações, antes que não reste espaço algum para qualquer providência salvadora**. (...) Nos tempos correntes encontram-se flagrantes resultados do efeito estufa, que foram desmentidos ao extremo, anos seguidos, por muitos daqueles aos quais interesses subalternos suplantavam o próprio instinto de sobrevivência, a ponto de se terem esquecido do **efeito Arrhenius**, resultante do progresso sem preocupações ecológicas e do uso indiscriminado do carvão na sensível atmosfera terráquea. Eis que o perigoso abuso já tem mais de 200 anos, a idade da era industrial, consoante escrevi em *Epístola Constitucional do Terceiro Milênio*, cuja primeira edição foi impressa em 1988.

O caminho da LBV é a Paz. Chega de guerras! A brutalidade é a lei dos chamados irracionais, não do Ser Humano, que se considera superior.

São Luís/MA

Fortaleza/CE

Buenos Aires/Argentina

O Ecumenismo que se comove com a dor

O Amor não é degradação de corpos nem de mentes, e sim a Força de Deus, da Sabedoria Suprema em nós, ou lá como pensem os Irmãos ateus acerca dos assuntos mais elevados. Amar é um ato de coragem. Foi o exemplo que nos ofereceu Jesus. É a Política mais inteligente que um indivíduo pode conceber.

O ECUMENISMO QUE SE COMOVE COM A DOR

Antes de voltarmos à minha mensagem aos educadores da LBV, gostaria de apresentar algumas palavras que proferi em 23 de abril de 2005, no Rio Grande do Sul, Brasil, durante reunião com superintendentes, gerentes e assessores das Instituições da Boa Vontade[*26] (IBVs), as quais presido. Nelas, realço a intrínseca e imprescindível relação entre o ideal do Ecumenismo e a instituição divina chamada Amor para o fortalecimento dos vitais e bons caracteres da sociedade no Terceiro Milênio:

A Humanidade é uma família. E não existe uma só em que todos os filhos adotem idêntico comportamento. Cada um é um cosmos independente, mas não significa dizer que esses *"corpos celestes"* tenham de esbarrar uns nos outros. Seria o caos.

Precisamos, por isso, viver o Ecumenismo Irrestrito, não resumido, portanto, aos cristãos que compõem uma parte dos povos. E mais: Ecumenismo não circunscrito às religiões, todavia aquele que se expande pelos campos da ciência, da filosofia, da política, das categorias sociais, das profissões, dos times de futebol, das etnias, assim por diante, e que

---

[*26] **Instituições da Boa Vontade** — Formadas pela Legião da Boa Vontade, Fundação José de Paiva Netto, Fundação Boa Vontade, Associação Boa Vontade e Religião de Deus.

se encontra acima da perspectiva de conhecimento que governa a inteligência neste planeta, pois ainda vivemos apenas a expectativa dele, não o Conhecimento no sentido lato, que seria imergir no oceano do Saber Divino; de corpo e Alma, banhar-se no mar luminoso da Sapiência de Deus.

Referimo-nos ao **Ecumenismo dos Corações**, do sentimento bom, que independe das diferenças comuns da família humana, em que as pessoas raciocinam de acordo com o amadurecimento próprio, com a extensão do seu saber ou da falta dele. Aquele que nos convence a não perder tempo com ódios e contendas estéreis, mas a estender as mãos aos caídos, **pois se comove com a dor**, tira a camisa para vestir o nu, contribui para o bálsamo curador do que se encontra enfermo, protege os órfãos e as viúvas[*27], sabe que a Educação com Espiritualidade Ecumênica é fundamental para o sustentamento de um povo, porque **Ecumenismo é Educação aberta à Paz**, para o fortalecer de uma nação (não para que domine as outras), portanto, o abrigo de um país e a sobrevivência do orbe que nos agasalha como filhos nem sempre bem-comportados. Basta lembrar o lamentável fenômeno do aquecimento global, cada vez menos desmentido pelas maiores cabeças pensantes do mundo. (...) Os vanguardeiros — ecólogos, políticos e cientistas de ponta — já procuram soluções práticas para conter a poluição, que nos envenena desde o útero materno.

---

*27 **Pois se comove com a dor, tira a camisa para vestir o nu...** — Atos de Caridade recomendados por Jesus em Seu Evangelho, particularmente nos relatos de Mateus, 25:35 a 45.

Há muito que aprender com o próximo

Conforme afirmei, em 1981, ao jornalista Paulo Parisi, nunca como agora se fez tão indispensável unir os esforços de ambientalistas e seus detratores, como também de trabalhadores, empresários, economistas, o pessoal da mídia, sindicalistas, políticos, militares, advogados, cientistas, religiosos, céticos, ateus, filósofos, sociólogos, antropólogos, artistas, esportistas, professores, médicos, estudantes (ou não, bem que gostaríamos que todos se encontrassem nos bancos escolares), donas de casa, chefes de família, barbeiros, manicures, taxistas, varredores de rua e demais segmentos da sociedade, na luta contra a fome e pela conservação da vida no planeta. O assunto tornou-se dramático, e suas perspectivas, trágicas. Pelos mesmos motivos, urge o fortalecimento de um ecumenismo que supere barreiras, aplaque ódios, promova a troca de experiências que instiguem a criatividade global, corroborando o valor da cooperação sócio-humanitária das parcerias, como, por exemplo, nas cooperativas populares em que as mulheres têm forte desempenho, **destacado o fato de que são frontalmente contra o desperdício. Há muito que aprender uns com os outros.** O roteiro diverso comprovadamente é o da violência, da brutalidade, das guerras, que invadem lares por todo o orbe. Alziro Zarur enfatizava que as batalhas pelo Bem exigem denodo. Simone de Beauvoir*[28]

*[28] Leia resumo biográfico na página 196.

(1908-1986), escritora, filósofa e feminista francesa, acertou ao destacar:

Simone de Beauvoir
Arquivo Elevação

— *Todo êxito envolve uma abdicação.*

Resumindo: cada vez que suplantarmos arrogância e preconceito, existirá sempre o que absorver de justo e bom dos componentes desta ampla "Arca de Noé", que é o mundo globalizado de hoje. Daí preconizarmos a união de todos pelo Bem de todos, porquanto compartilhamos uma única morada, a Terra, cujos abusos de seus habitantes vêm exigindo providência imperativa: ou integra ou desintegra (...), razão por que devemos trabalhar estrategicamente em parcerias que promovam prosperidade efetiva para as massas populares.

Num improviso que fiz na cidade do Rio de Janeiro/RJ, em 20 de junho de 1987, no sugestivo auditório do Ecumenismo Total, da antiga sede da LBV na capital fluminense, ressaltei que não se erige uma pátria melhor e um povo mais feliz fazendo coleção de seus defeitos, todavia os corrigindo e catalisando os acertos dela. É verdadeiro suicídio querer compatibilizar os homens por aquilo que têm de condenável. A conciliação tem de ser feita por cima: por suas virtudes e qualidades eternas. Um país progride na razão direta do talento e da pertinácia de seus filhos (...). O mesmo ocorre em âmbito planetário.

Anatole e Caridade

Enfim, o Ecumenismo da Caridade, Estratégia de

Arquivo Elevação
Anatole France

Deus à sobrevivência dos povos, benéfica atitude explicitada também pelo criticíssimo Anatole France[*29] (1844-1924), que citei em *As Profecias sem Mistério* (Editora Elevação, 84ª edição)[*30]:

— A verdadeira caridade é o dom das obras de cada um para todos, é a bondade, é o gesto harmonioso da alma que se transborda como um vaso cheio de nardo precioso e expande-se em dinheiro; o dinheiro que se escoa misturado com o amor e com o pensamento.

Arquivo Elevação
Sam Levenson

Na publicação *Ciência e Fé na Trilha do Equilíbrio*, que encaminhei aos participantes do I Fórum Mundial Espírito e Ciência (FMEC), da Legião da Boa Vontade, ocorrido de 18 a 21 de outubro de 2000, no Parlamento Mundial da Fraternidade Ecumênica, o ParlaMundi da LBV, em Brasília/DF, tive o ensejo de lhes oferecer à leitura o belíssimo poema de Sam Levenson (1911-1980) *Time Tested Beauty Tips* (Dicas de Beleza à Prova do Tempo), que a atriz belga, consagrada em Hollywood, Audrey Hepburn

Arquivo Elevação
Audrey Hepburn

---

*29 Leia resumo biográfico na página 196.

*30 **As Profecias sem Mistério** — Um dos títulos mais vendidos de 1999, segundo *ranking* da revista brasileira *Veja*, foi também sucesso de vendas na XII Bienal Internacional do Livro, no Rio de Janeiro/RJ, Brasil, tendo sua 55ª edição esgotada em apenas quatro dias do evento.

(1929-1992), em seu último Natal na Terra, leu para seus filhos. Mãe dedicada, procurou expandir seu amor para as crianças do mundo, tornando-se embaixadora do Unicef*31. Eternizou no papel sua filosofia de viver. A experiência de seu bondoso coração pode nos servir de modelo:

Time Tested Beauty Tips

(Dicas de Beleza à Prova do Tempo)

Para ter lábios atraentes,
Fale palavras gentis.
Para ter olhos amáveis,
Veja o Bem nas pessoas.
Para ter o corpo esbelto,
Compartilhe sua comida com os famintos.
Para ter cabelos bonitos,
Deixe uma criança acariciá-los uma vez por dia.
Para ter equilíbrio,
Ande com o conhecimento e nunca estará só.
Deixemos uma tradição com o futuro,
O cuidado pelos Seres Humanos nunca será algo obsoleto.
Pessoas, mais do que coisas, precisam ser recuperadas,
Renovadas, reanimadas, redimidas,

---

*31 **Unicef** — Fundo das Nações Unidas para a Infância.

Redimidas e redimidas.
Lembre-se: se precisar de mão amiga,
Achará uma no final do seu braço.
Ao amadurecer, você descobre que tem duas mãos:
Uma para ajudar a si próprio e outra para ajudar o próximo.
Seus dias de fartura estão à sua frente.
Que você tenha muitos deles.

Ecumenismo das Religiões Irmanadas

A nossa palavra, pois, é a do Ecumenismo das Religiões Irmanadas, proclamado vanguardeiramente no Brasil, por Alziro Zarur, é a do inter-relacionamento religioso da Religião do Bem, **o Ecumenismo que coloca a Paz acima das barreiras**, ama a todos e constitui o **denominador comum** que derruba os ódios, ilumina os olhos da criatura e fertiliza seu coração com o Amor, que, no dizer do padre João de Brito[*32] (1647-1693), é o *"sublime impulso de Deus, energia que move os mundos"*, que está em toda parte e é tudo.

Em 2 de novembro de 1979, numa palestra realizada na antiga sede do Núcleo da Legião da Boa Vontade, na cidade de Niterói/RJ, Brasil, logo após o falecimento do filósofo Zarur, encerrei a reunião com estas palavras: **O maior sofrimento é a ausência de Amor**.

[*32] Leia resumo biográfico na página 197.

A propósito, escreveu o Yogui Ramacharaka[*33] (1862-1932) em *Curso Adiantado de Filosofia Yogui*[*34], valioso presente que recebi, quando ainda era bem jovem, de meus saudosos pais, Idalina Cecília de Paiva (1913-1994) e Bruno Simões de Paiva (1911-2000):

Arquivo Elevação
Yogui Ramacharaka

Arquivo Elevação
Idalina de Paiva

Arquivo Elevação
Bruno de Paiva

— Os milhares de pedaços de palha que voam pelo ar indicam donde vem vindo o vento, e aonde sopra. A brisa começa a ser sentida; em pouco tempo se tornará mais forte, e depois vem uma ventania que arranca muitas coisas, de que se pensou que foram construídas para séculos. E depois da tempestade construirá o homem coisas melhores — coisas que persistirão. Não vistes os sinais, não sentistes a brisa? Porém, notai-o bem: ***a transformação final não virá do ódio, da vingança e de outros motivos indignos — ela virá como o resultado de um grande e crescente Amor****, de um sentimento que convencerá os homens que são da mesma família, que o sofrimento de um é o sofrimento de todos, que todos são Um só. E então aparecerá a aurora da Idade de Ouro.* (O destaque é nosso.)

---

*33 Leia resumo biográfico na página 197.

*34 **Curso Adiantado de Filosofia Yogui** — RAMACHARAKA, Yogui. 4ª edição — São Paulo/SP — *O pensamento,* 1940, p. 296 — Paiva Netto ganhou esta obra de seus pais quando tinha 7 anos de idade (1948) e começou a lê-la em 1956, aos 15 anos.

O Ecumenismo da Fraternidade será a razão de ser das Criaturas Humanas no transcurso do Terceiro Milênio. É uma **questão de progresso (e de sobrevivência)**, no qual, de certa forma, acreditou boa parte de **gerações e gerações que nos antecederam**. Se assim não cressem e não agissem, onde estaríamos nós hoje? Talvez na era da pedra lascada!...

A Política mais inteligente

O Amor não é degradação de corpos nem de mentes, e sim a Força de Deus, da Sabedoria Suprema em nós, ou lá como pensem os Irmãos ateus acerca dos assuntos mais elevados. **Amar é um ato de coragem**. Foi o exemplo que nos ofereceu Jesus. É a Política mais inteligente que um indivíduo pode conceber.

Conforme ressaltei ao meu velho amigo jornalista Parisi, em 1981, instruir com acerto é Política, porque educar e espiritualizar salva as criaturas, as nações, a Natureza, o planeta. Não podemos progredir destruindo o mundo, a nossa casa coletiva, por efeito de ignorância não apenas intelectual, como também, e principalmente, moral e espiritual.

Trata-se de Política excelente. A providência de educar, reeducar, instruir, espiritualizar no caminho da Paz, resultante da confraternidade das numerosas culturas que compõem a civilização que, em si mesma, é una, planetária. (E não esqueçamos jamais que a nossa existência não é unicamente física, porquanto começa no Céu, ou Mundo Espiritual, antes de sermos carne.) Do contrário, o que poderá vir a abater-se sobre a Terra será o doloroso inverso do Amor, a exemplo desse ecocídio que provocamos por aí. Pois, na verdade, já que fazemos indissociável parte do esquema planetário de sobrevivência, estamos então cuidando, com contumácia, de nossa automatança coletiva.

Talvez, ao descrever "A Grande Tribulação"*[35], Jesus esteja narrando a consequência desse esforço humano colérico. Diante disso, é flagrantemente necessário espiritualizar, **dentro do Ecumenismo dos Corações**, as pessoas. Somente assim, e com perseverança, os diversos segmentos da sociedade passarão a viver em harmonia, demore o tempo que for preciso até que isso venha a ocorrer. Cabe aqui, perfeitamente, este raciocínio profundo de Abraão Lincoln*[36] (1809-1865), que se encontrava exposto no gabinete de Alziro Zarur, na antiga Rádio Mundial, no Rio de Janeiro/RJ, Brasil, naquele tempo, de 1956 a 1966, a Emissora da Boa Vontade:

Arquivo Elevação
Abraão Lincoln

— *O homem que se decide a parar até que as coisas melhorem verificará, mais tarde, que aquele que não parou e colaborou com o tempo estará tão adiante que jamais poderá ser alcançado.*

Costumo afirmar em minhas palestras que, se é difícil, comecemos já, ontem!, porque resta muito a ser feito.

*[35] **A Grande Tribulação** — Evangelho de Jesus segundo Mateus, 24:3 a 28; Marcos, 13:3 a 23; e Lucas, 21:7 a 24.
*[36] Leia resumo biográfico na página 198.

E quando digo Seres espiritualizados, quero reiterar: revestidos do Amor Fraterno, que a Humanidade precisa viver, também politicamente, com urgência. Como escreveu José Bonifácio[*37] (1763-1838), o patriarca da Independência brasileira:

Arquivo Elevação
José Bonifácio

— *A sã Política é filha da Moral e da Razão.*

Assim é a ação religiosa e política do Ecumenismo dos Corações, aquele que levanta o caído; que não se precipita ante as ilusões das contendas filosóficas, **quando** estas ocorrem apenas pelo prazer de discutir assuntos, sem levar em conta o que padece à beira do caminho. Ele não se influencia pelas lucubrações do intelecto **quando** arrogante. Pelo contrário. Ilumina-o incansavelmente toda vez que é convocado a manifestar sua qualidade excelsa. Desconhece os ódios, isto é, não os vive nem os dissemina. É Amor Fraterno, que promove a Estratégia da Sobrevivência, que espiritualiza a Economia e a disciplina. (...)

Pastor ressalta origem ecumênica da LBV

Por intermédio da Equipe Solidária da Legião da Boa Vontade da Europa, recebi um raro exemplar do jornal *O Cristão*, de 31 de janeiro de 1950, da cidade do Rio de Janeiro/RJ, Brasil. Trata-se de um número comemorativo do 58º aniversário des-

---

*37 Leia resumo biográfico na página 198.

se órgão oficial da União das Igrejas Evangélicas Congregacionais e Cristãs do Brasil. Nele encontramos uma reportagem, na página 10, sob o título "O valor da cooperação", assinada por Salustiano César, ministro evangélico que documenta o nascimento da Legião da Boa Vontade (LBV), criada por Alziro Zarur em 1º de janeiro de 1950. A seguir, para registro histórico*[38], apresento alguns trechos:

Arquivo Elevação

Salustiano César

*[38] **Registro histórico** — Na revista BOA VONTADE de 1º de maio de 1956, p. 5, encontramos publicado este registro histórico: *"A Cruzada de Religiões Irmanadas teve início a 7 de janeiro de 1950, no Salão do Conselho da Associação Brasileira de Imprensa (ABI), falando sete oradores: Teles da Cruz, católico; Murilo Botelho, esotérico; Leopoldo Machado, espírita; Eugênio Figueiredo, livre-pensador; Reverendo Salustiano César, protestante; Samuel Linderman, judeu; Ascânio de Farias, positivista. Dirigiu a memorável sessão Alziro Zarur, presidente da Legião da Boa Vontade".*

O Valor da Cooperação

... NÓS SOMOS COOPERADORES DE DEUS...
(APÓSTOLO PAULO, I CORÍNTIOS, 3:9)

Há muita coisa na vida cristã que ainda não foi devidamente evidenciada em termos de poder evangélico. A cooperação é uma dessas coisas, cuja compreensão conceitual melhor firmada girará novos rumos para notáveis realizações.

Sentimos necessidade de falar em cooperação, mas não como geralmente se faz, com arranjos de vocábulos enfeitados, com elegância estilística.

Começarei afirmando que o espírito de cooperação entre nós tem gerado e produzido pouquíssimos efeitos em todos os planos de nossa denominação. O que tem faltado não é o sentimento cooperativista. Este existe muito latente nos corações, porém sem educação, sem planificação, sem direção. (...)

O valor da cooperação é inegável na existência de empreendimentos os mais dignos de renome. (...)

Na sociedade hodierna encontramos fatos que constituem verdadeiros reptos ao povo cristão. No dia 7 de janeiro corrente, especialmente convidado como ministro protestante, participei de uma interessantíssima quão surpreendente reunião no edifício da Associação Brasileira de Imprensa, onde o espírito colaborativo, numa forma toda providencial, se caracterizou pela representação em conjunto de pessoas de diferentes credos e correntes filosóficas. Nossa palavra baseada em Romanos, 12, foi ouvida com extraordinários aplausos, ao lado dos oradores: Israelita, Positivista, Esoterista, Espírita, Católico Romano, Livre-pensador. Muitíssimo impressionante foi essa solenidade pelo objetivo culminante de congregar as "pessoas de Boa Vontade" em favor dos que ficaram à margem da vida. Com este objetivo, foi organizada a ***"Legião da Boa Vontade"****, que atenderá "sem preconceitos" a todos os que sofrem nos seus leitos de dor, em suas casas ou emparedados nos hospitais.* (O destaque é nosso.)

Que lição esta que vem de Deus! (...)

Vamos agir no espírito da Palavra de Deus que diz:

"Amai-vos cordialmente uns aos outros, com amor fraternal, preferindo-vos em honra uns aos outros.

"Não sejais vagarosos no cuidado: sede fervorosos no espírito, servindo ao Senhor:

"Comunicai com os Santos nas suas necessidades, segui a hospitalidade".

* * *

Não se erige uma pátria melhor e um povo mais feliz fazendo coleção de seus defeitos, todavia os corrigindo e catalisando os acertos dela.

Arquivo Elevação

Salvador/BA

O sentido de Religiosidade

Assunção/Paraguai

Antes que fatalmente a Ciência conclua em laboratório a perenidade da Vida, cumpre à Religião não temer falar sobre a existência do Espírito após a "morte" do corpo físico com maior objetividade e pesquisar decididamente o Mundo Invisível ativo.

O SENTIDO DE RELIGIOSIDADE

Voltemos, agora, à transcrição de minha palavra aos professores do Instituto de Educação da LBV, em fevereiro de 2000:

Nossa posição quanto ao desenvolvimento da religiosidade — não de "religiosismos"*[39], que, em geral, terminam em conflito — visa à sublimação desse sentimento fraterno. Não se coloca como concorrente das religiões nem se apresenta como um travo na garganta dos que — por sustentarem critério ideológico cético ou deplorarem a trágica história de certos conflitos religiosos do passado e até do presente — consideram o ensino religioso um retrocesso (...). Entretanto, conforme escrevi em um artigo para a *Folha de S.Paulo,* de 9 de agosto de 1987, e mais tarde no livro *Mãezinha, deixe-me viver!*, de 1989, não se pode eternamente impedir a manifestação daquilo que nasce com o indivíduo, mesmo quando ateu: **o sentido de religiosidade**, que se expressa das mais variadas formas altruísticas. Antes que fatalmente a Ciência conclua em laboratório a perenidade da Vida, cumpre à Reli-

*[39] **Nota do autor — "Religiosismos"** — Desculpem o neologismo.

gião não temer falar sobre a existência do Espírito após a "morte" do corpo físico com maior objetividade e pesquisar decididamente o Mundo Invisível ativo.

(...) O Cidadão Ecumênico **é aquele que compreende a necessidade de superar obstáculos que separam multidões**, ainda que estas não cultuem idêntico pensamento religioso, político, social ou não pertençam à mesma cultura ou etnia. É o que junta forças para diminuir a avassaladora carência de comunidades ou de uma única pessoa que seja, sem se preocupar com sua cor, sexo, religião, ideologia, e assim por diante. (...)

(Há de existir um caminho que não leve a Terra à destruição pelas armas ou pelo criminoso descaso com seus habitantes ou com ela mesma.)

O alvo de nossa faina é a sobrevivência, com Espiritualidade Ecumênica, das populações nesta época de globalização desalmada. Infelizmente, desde o pretérito tem sido desse jeito. O Império Romano imprimiu uma mundialização feroz, a ferro e fogo. Mais do que nunca, a de hoje é, acima de tudo, conduzida pelo domínio mental das multidões, por causa da massificação, fomentada pela mídia. (...)

Se destruirmos o planeta, para onde fugiremos?

O Pai Celestial — ou Energia Ultrainteligente, que tem conseguido manter a Humanidade subsistindo às loucuras com que muitos vêm ponteando a História — espera que aprendamos a viver pacificamente em comunidade planetária. **Só existe uma raça: a Raça Universal dos Filhos de Deus**. Contudo, quando me reporto ao Pai Celestial, não estou discorrendo sobre o deus antropomórfico, portanto criado à imagem e semelhança do indivíduo imperfeito, responsável por tantos dramas neste mundo, pois que, ao mesmo tempo que promove o progresso, destrói o planeta[*40]. Refiro-me, na verdade, ao **Deus Divino**, com muita sensatez descrito por Alziro Zarur, nos trechos do seu esclarecedor poema, que transcrevo mais adiante. O Ser Humano civilizado ainda precisa civilizar-se, a ponto de compreender que, acima da ganância, deve tratar de não destruir nossa morada coletiva. Perguntemos, para argumentar: se ocorrer alguma coisa com a Terra, fugiremos para onde?

Não vale mais a desculpa

Aqui, abro parênteses para acrescentar o seguinte:

A situação é tão grave que especialistas das mais diversas áreas científicas têm redobrado esforços para que providências sejam urgentemente tomadas, como informou a Agência *Reuters*, em 7 de junho de 2005:

---

*40 **Promove o progresso, destrói o planeta** — Este tema foi abordado no artigo de Paiva Netto "Progresso de destruição", publicado na revista *LBV* nº 25, ano III, abril, maio e junho de 1992, e na *Folha de S.Paulo,* de 29 de junho de 1986.

Homem seria a causa do aquecimento global

Cientistas de 11 países, entre eles Estados Unidos, China e Brasil, assinaram um comunicado conjunto hoje para declarar que a humanidade é a maior fonte do aquecimento global e que o assunto exige providências imediatas. A declaração foi divulgada a um mês da cúpula do Grupo dos Oito (G8).

(...) O aquecimento global estará no topo da agenda da cúpula, que acontece em julho (2005) na Escócia. (...)

"Está claro que os líderes mundiais, incluindo o G8, não podem mais usar a incerteza sobre aspectos da alteração climática ***como desculpa*** *para não tomar providências urgentes para cortar os gases estufa", disse Lord May, presidente da academia nacional de ciência da Sociedade Real Britânica.*

Só existe uma raça:
a Raça Universal dos Filhos de Deus.

Glorinha/RS

Preparação EFICAZ

A escola é imprescindível, mas não substitui o lar. O Estado e a sociedade têm de, unidos, gerir soluções para que as famílias criem e eduquem dignamente os seus filhos.

Preparação eficaz

Retornemos, agora, à mensagem dirigida aos educadores da LBV em 2000:

O Espírito tem lugar preponderante na nossa lide. Entretanto, na preparação de jovens e adultos para a subsistência neste mundo material de tecnologia jamais vista — e paradoxalmente nos dias de hoje, tão instável para os que labutam pelo futuro próprio —, devemos levar na mais alta consideração que os educandos têm de ser com eficiência qualificados para a exigente demanda do acirrado mercado atual de trabalho. E mais: de tal maneira que não persigam um caminho em que a profissão para a qual se aprontaram não mais exista ao fim do curso. É essencial, pois, receberem formação eficaz para que sejam arrojados, empreendedores, de modo que possam suplantar os acontecimentos supervenientes que, a qualquer instante, desafiam a sociedade, assustando multidões. (...)

De nada adiantarão, portanto — digamos para argumentar —, planejamentos audaciosos se não houver quem tenha sido devidamente instruído para desenvolvê-los.

Jovens da Terceira Idade

A situação vigente é diversa da do tempo em que outros e eu éramos meninos. Diante disso, nós, os mais vividos, não podemos situar-nos ou ser colocados à margem da conjuntura moderna por causa de idade.

Se, no passado, se dizia que "a vida começa aos 40", agora, tendo em vista os grandes avanços da Medicina, pode ter início tranquilamente aos 60. No Brasil, já se costuma afirmar que a Terceira é a melhor idade. De fato, jovem é aquele que não perdeu o ideal. Não obstante estendida numa cama, uma pessoa, ainda que tenha mais de 50, 60, 70, 80 anos, pode restabelecer muitos caídos nas lutas diárias. Zarur declarava, em suas pregações radiofônicas, que ***"uma palavra pode salvar uma vida"***. Hoje, mais do que nunca, com o progresso da tecnologia nas áreas de comunicação (celular, internet etc.), até um enfermo pode levantar alguém que sofre, embora esteja a milhares de quilômetros de distância. Nos tempos que correm, a possibilidade de ajudar encontra-se ao alcance de todos. Logo, que não se perca o bom ideal, porque ele é determinante na idade útil das criaturas. Você é quem decide se é velho ou moço, por mais duras que sejam as condições em que se ache, temporária ou permanentemente. Em minha longa vida dedicada às causas sociais e espirituais da Legião da Boa Vontade, tenho sido testemunha de exemplos inigualáveis vindos de pessoas que, em virtude de lastimoso estado de saúde, poderiam considerar-se desobrigadas de socorrer, com uma palavra que fosse, outras criaturas também necessitadas de atenção. E muitas — surpreendentemente socorridas por quem de nada mais se poderia esperar (no dizer humano), por padecer males tormentosos — se viram na condição de reagir à sua própria dor, tantas vezes encontrando, **após o auxílio inesperado**, razões para enfrentar seus dramas com decisão, que pensaram ter perdido há muito tempo. Isso é ter a Boa Vontade, a respeito da qual tanto pregou Alziro Zarur:

Boa Vontade e Lei Divina

Quem estuda, com Boa Vontade, as Leis Divinas, que são as leis naturais, sabe por que deve amar ao próximo como a si mesmo: cada Ser Humano é uma parcela do grande organismo chamado Humanidade. Por causa de um órgão doente, todo o organismo sofre. Logo, ninguém será inteiramente feliz enquanto houver um infeliz na face da Terra. Quem faz mal ao seu próximo a si mesmo faz mal. Quem odeia o seu próximo a si mesmo é que odeia. Quem engana o seu próximo a si mesmo é que engana. Quem trai o seu próximo a si mesmo é que trai. Quem rouba o seu próximo a si mesmo é que rouba. Quem mata o seu próximo a si mesmo é que mata. Fora do Bem não há salvação para ninguém! (...)

Boa Vontade de Jesus

Nossa Boa Vontade não é, absolutamente, a boa vontade que se vulgarizou nos banquetes das futilidades humanas. A nossa é a ***Vontade Boa de Nosso Senhor Jesus Cristo****,* *aquela que sabe discernir entre o **Bem** e o mal, entre a **Verdade** e o erro, entre o fato e as aparências do fato.* (Os destaques são nossos.)

O generoso celeiro humano

O Ser Humano é celeiro de realizações incessantes. É a verdadeira fortuna da civilização. Não pode permanecer cruelmente explorado, submetido à servidão e ao desprezo. Para ele devem ser criadas condições, por mínimas que sejam, de viver com dignidade, qualquer tempo que haja vivido.

Nós, das Instituições da Boa Vontade, temos, durante todos esses anos, granjeado experiência para, sem falácia e com a Pedagogia do Cidadão Ecumênico, labutar entre os mais atuantes pugnadores do processo educativo que prepara gerações.

Arquivo Elevação

Martin Luther King Jr.

E assim encerrei o pronunciamento com que saudei, em 2000, o corpo docente do Instituto de Educação da Legião da Boa Vontade, cuja sede se encontra na capital do Estado de São Paulo, Brasil.

[Escreveu o extraordinário líder negro dos direitos civis, o pastor protestante doutor Martin Luther King Jr.*[41] (1929-1968):

— *A liberdade sempre foi uma coisa cara. A história é um testemunho idôneo de que a liberdade raramente é con-*

---

*[41] Leia resumo biográfico na página 199.

quistada sem sacrifício e abnegação. (...) Cada passo rumo à meta da justiça requer sacrifício, sofrimento e luta, requer os esforços incansáveis e o interesse apaixonado de indivíduos dedicados. Sem esforço persistente, o próprio tempo torna-se um aliado das forças insurgentes e primitivas do emocionalismo irracional e da destruição social.]

A escola não substitui o lar

Na sequência desta publicação a respeito de Sociedade Solidária Altruística Ecumênica, prossigamos explanando sobre tão crucial assunto.

A escola é imprescindível, mas não substitui o lar. O Estado e a sociedade têm de, unidos, gerir soluções para que as famílias criem e eduquem dignamente os seus filhos, conforme ressaltei em fevereiro de 1984, dirigindo-me às mulheres envolvidas nas ações da LBV, e em meu artigo na *Folha de S.Paulo*, em 27 de julho de 1986.

Tempos mais tarde, anotei esta assertiva do cientista e filósofo judeu-alemão Albert Einstein, naturalizado norte-americano:

— *Nas crianças reside a esperança do mundo.*

Produção sem consumo?

Ainda no *Manifesto da Boa Vontade* (1991), ponderei:

(...) Nossos empresários devem entender que de nada lhes valerá a modernização das máquinas se não houver homens capazes de administrar-lhes o desempenho. E que é impossível pensar numa civilização de robôs que produzem, mas não consomem.

Formar Cérebro e Coração

Esse trecho do citado *Manifesto* nos faz meditar quanto à perplexidade das populações desoladas diante da ação brutal da injustiça crescente, demonstrando que o refinamento do cérebro — menosprezadas, porém, as claridades do coração bem instruído das grandezas espirituais — torna o Ser Humano como que forçosamente débil para impedir o curso de um sistema econômico míope (...), que o arrasta a situações de penúria em vastas regiões terrestres.

Inteligência Espiritual

Daí ter eu defendido, na entrevista que concedi ao jornalista Paulo Parisi, em 1981, a basilar necessidade de unir ao raciocínio intelectual a sabedoria que se origina no coração da criatura humana. Sim, porque também existe a inteligência do sentimento, da emoção[*42] e, mais que isso, a Inteligência Espiritual, provinda do Mundo ainda invisível aos nossos olhos materiais, por questões de frequência. Ninguém morre. Continuamos vivos pela Eternidade.

Mas, voltando ao *Manifesto da Boa Vontade*, intuitivamente, com muito acerto, assevera o próprio povo, seguido pelos mais eminentes pensadores do mundo: *"Enquanto há Vida, há Esperança"*. O caminho mais acertado permanece na área da Educação com Espiritualidade Ecumênica, um passo à frente no Terceiro Milênio, que se aproxima [estávamos em 1991].

Contudo, a insensibilidade de muitos foi a motivação deste expressivo repto do notável Martin Luther King Jr.:

— *Ao longo do caminho da História, uma das maiores tragédias do homem tem sido o seu limitado interesse pelo próximo, seja este tribo, raça, classe ou nação.*

Por isso há que orientar os esforços mundiais, aplicando-os na tarefa de resgate da parcela desfavorecida do planeta, colocando, assim, os valores da sociedade na devida ordem e fazendo a marcha do desenvolvimento econômico dirigir-se em

---

*[42] **Nota dos editores** — Observemos nesta entrevista que Paiva Netto concedeu ao jornalista Paulo Parisi, em 1981, que o autor desta obra foi o primeiro a defender publicamente a inteligência do coração aliada à do cérebro. Em matéria datada de 6 de março de 1997, depois de visitar o Lar e Parque da LBV, conhecido também como Templo da Criança e da Natureza, na cidade de Glorinha, Rio Grande do Sul, Léo Gerchmann, jornalista da *Folha de S.Paulo,* declarou: *"Antes de a inteligência emocional tornar-se uma tendência pedagógica mundial, a LBV já tinha este parâmetro na Educação"*. Inteligência emocional é a potencialidade das pessoas para lidar com as suas emoções, diferentemente do QI (Quociente de Inteligência). *"Nosso lema é educar, priorizar a Cultura, a Espiritualidade, a inteligência do cérebro e a do coração"*, definiu o administrador do Lar, Humberto Cassuriaga. Em salas de aula para reforço escolar, as crianças recebem um complemento às aulas regulares delas, de acordo com suas necessidades.

prol da Criatura Humana, porquanto o ser vivente é a geratriz do progresso, a despeito das máquinas. Do contrário, os governos poderão não estar governando para seus povos.

Essencial o ensinamento de Gandhi, o ícone indiano da filosofia da não violência, que apresento a seguir:

— *Uma civilização é julgada pelo tratamento que dispensa às minorias.*

E aí, na indiferença de muitos Seres Humanos para com os demais, reside a sua fraqueza, se nada fizerem para mudar o rumo dos fatos, para o que é necessário também que deixem de culpar a Deus e os Seus preceitos pelos tropeços que dão. Atualíssima, portanto, esta advertência de antigo aforismo:

— *Tolo é aquele que afunda seus navios e ainda acusa o mar de culpado.*

Atenção merecida às crianças

Para que isso não venha a ocorrer com os infantes que se preparam para a vida, com honra inaugurei, em São Paulo/SP, Brasil, em 25 de janeiro de 1986, data natalícia da colossal cidade sul-americana[*43], a Supercreche Jesus, que integra um grande Instituto[*44], hoje responsável pela educação diária de mais de 1.200 crianças, jovens e adultos provenientes de famílias de baixa renda.

Meditemos sobre este ensinamento do Profeta Maomé — *"Que a paz e a bênção de Deus estejam sobre ele!"*— no Corão Sagrado:

— *As crianças são os ornamentos da vida neste mundo.*

E a respeito dos pequeninos, a Bíblia Sagrada, no Evangelho do Cristo segundo Mateus, no capítulo 19, conta:

13 Trouxeram-Lhe, então, algumas crianças, para que lhes impusesse as mãos e orasse. Mas os discípulos as repreendiam.
14 Jesus, porém, disse-lhes: Deixai vir a mim os pequeninos, não os impeçais, porque deles é o Reino dos Céus.
15 E, tendo-lhes imposto as mãos, retirou-se dali.

---

*43 **Colossal cidade sul-americana** — São Paulo/SP, Brasil, foi fundada por Manuel da Nóbrega (1517-1570) e José de Anchieta (1534-1597), em 25 de janeiro de 1554. Sua população atual é de aproximadamente 11 milhões de habitantes.

*44 **Instituto de Educação da LBV** — O autor refere-se ao Instituto de Educação, criado por ele também no aniversário da capital bandeirante (1993), extensão da Supercreche Jesus, fundada em 1986. Os Legionários da Boa Vontade, que são os seguidores da LBV no Brasil e no mundo, batizaram o Instituto com o nome de José de Paiva Netto, em uma merecida homenagem a seu fundador.

Pedagogia do Amor, do Carinho e do Afeto

Ao anunciar, em 25 de janeiro de 1986, quando da inauguração da Supercreche Jesus, em São Paulo, o advento do Instituto de Educação da LBV, também na capital bandeirante, resumi em poucas palavras sua filosofia de trabalho: **Aqui se estuda. Formam-se Cérebro e Coração**. Trata-se da Pedagogia de Deus, que é Amor, a qual prepara o indivíduo para viver a Cidadania Ecumênica, firmada no exercício pleno da Solidariedade Espiritual, Humana e Social. Daí há tanto tempo afirmar que é urgente difundir a Pedagogia do Amor, do Carinho, do Afeto, da Misericórdia, da Justiça, e a Pedagogia do Cidadão Ecumênico. Elas são suplementares e imprescindíveis ao sustento da Alma. Medicamentos energéticos para a cura de enfermidades, a começar pelas psíquicas, que prejudicam a absorção das lições necessárias ao enriquecimento intelectual e moral dos estudantes, que não constituem apenas os que frequentam as escolas, porque viver é constante ensinamento. O bom gosto da vida é o aprendizado infinito.

Belo Horizonte/MG

De O Capital de Deus

Belo Horizonte/MG

Sem o proverbial estímulo da Solidariedade ensinada pelo Cristo e pelos luminares das crenças e pensadores de escol, o progresso humano sempre ficará aquém das expectativas do coletivo.

De *O Capital de Deus*

Aproveito o ensejo para apresentar extratos de meu livro *O Capital de Deus*[*45], no qual abordo alguns comentários que proferi durante improvisos radiofônicos nas décadas de 1980 e 1990:

(...) Sem o proverbial estímulo da Solidariedade ensinada pelo Cristo e pelos luminares das crenças e pensadores de escol, o progresso humano sempre ficará aquém das expectativas do coletivo. Não é à toa que, em toda parte, a sociedade cresce em comércio, indústria, meios de transporte, ciência, arte, esporte etc., mas a confusão permanece. Novos problemas são somados aos antigos, porque o Ser Humano não aprendeu, até o presente, a **abrir uma vereda dentro de si mesmo** para que a Fraternidade Ecumênica alcance o seu coração e a sua mente. Ele precisa, pois, reconhecer que é o precioso Capital de Deus, consoante a definição que lhe faz a Economia Humana e Espiritual da Solidariedade Ecumênica, componente da Estratégia da Sobrevivência, que há anos venho pregando. Como preceituava Alziro Zarur:

— *O Ser Humano é a Obra Máxima do Criador.*

---

*45 **O Capital de Deus** — Lançamento da Editora Elevação.

A Economia deve partir do Espírito

A Economia, **da forma que é geralmente entendida e vivenciada**, não conseguiu ser o agente primacial do verdadeiro bem-estar do Ser Humano na História, segundo propõem os defensores de muitas vertentes racionalistas. Constitui consequência também de outros e infinitamente mais importantes fatores, isto é, **os espirituais**, considerados, entretanto, até agora, por diversos estudiosos de gabarito, como de ordem subjetiva. Contudo, esses mesmos fatores são, na verdade, os sustentáculos reais, diretos e concretos da dinâmica da Economia que tenha por intento melhor qualidade de vida das civilizações como um todo. **Fatores esses oriundos da intimidade ética do indivíduo, acima de tudo reconhecido como Entidade Espiritual**, quando consciente de que foi criado à imagem e semelhança de Deus. Não do deus antropomórfico, porém do Deus Celeste, cantado por Zarur no seu inigualável *Poema do Deus Divino*, do qual extraio os seguintes versos, tantas vezes por mim mesmo citados, em virtude da extraordinária mensagem que contêm:

Poema do Deus Divino

Alziro Zarur (1914-1979)

O Deus que é a Perfeição, e que ora eu tento
Cantar em versos de sinceridade,

Eu nunca O vi, como em nenhum momento
Vi eu o vento ou a eletricidade.

Mas esse Deus, que é o meu eterno alento,
Deus de Amor, de Justiça e de Bondade,
Eu, que O não vejo, eu O sinto de verdade,
Como à eletricidade, como ao vento.

E O sinto na ânsia purificadora,
Na manifestação renovadora
Do Belo, da Pureza, da Afeição.

Com Ele falo em preces inefáveis,
Envolto em vibrações inenarráveis,
Que me trazem clarões da Perfeição.

....
....
....

Bondade — que os pecados não consomem —
Do Espírito Divino aos filhos Seus:
Deus sempre desce até Seu filho, o homem,
Quando o homem sobe até seu Pai, que é Deus!

Pois creio é nesse Deus imarcescível
Que ampara a Humanidade imperfeitíssima:
Deus de uma Perfeição inacessível
À humana indagação falibilíssima.

....

....

....

Certo estava Shakespeare[*46] (1564-1616) quando colocou na boca de Hamlet esta reflexão:

Arquivo Elevação

Shakespeare

Arquivo Elevação

Horácio

— *Há no Céu e na Terra, Horácio, bem mais coisas do que jamais sonhou vossa filosofia.*

Entrevista a Ibrahim Sued

Em 1995, o antigo e respeitado colunista social brasileiro Ibrahim Sued[*47] (1924-1995), que por muitos anos escreveu no jornal *O Globo*, do Rio de Janeiro/RJ, Brasil, generosamente me escolheu para uma entrevista sobre os rumos da Educação no país. Na oportunidade, perguntou-me:

— *Sei que a Legião da Boa Vontade possui uma linha pedagó-*

---

*46 e 47 Leia resumo biográfico na página 199.

gica inovadora. Qual é a fórmula da LBV para resolver o problema da Educação no Brasil?

André Luiz

Arquivo Elevação

Chico Xavier

Arquivo Elevação

Respondi ao velho Ibrahim com estas palavras:

Antes de tudo, aplicar o nem sempre devidamente valorizado Amor, na definição de Laura, mãe do enfermeiro Lísias, personagens do livro *Nosso Lar*, de autoria do dr. André Luiz[*48], na psicografia de Chico Xavier (1910-2002):

— *O Divino Pão das Almas, o Alimento Sublime dos Corações.*

Amor *versus* conivência

Ora, meu caro Ibrahim, o que mais por aí se vê é o resultado da carência dele. Nada mais pedagógico do que o Amor Fraterno, conquanto enérgico e justo. Naturalmente, o Amor não pode ser confundido com conivência no erro, pois existem aqueles que consideram que amar é concordar em tudo, não importando que esteja errado. Amar é justamente o contrário, mas sabendo-se, com generosidade, corrigir a pessoa em seu equívoco, mesmo que com ponderado rigor. (...)

Contudo, onde começa a real Educação? (...) Na Pedagogia da LBV, que prega a Sociedade Fraterna e Solidária,

---

[*48] Leia resumo biográfico na página 199.

visamos formar o Cidadão Ecumênico, ou seja, o Ser Humano que sobressai à mera competência, visto que muita gente tida como tal está levando o mundo a uma situação de calamidade e perigo. O Cidadão Ecumênico é o cidadão solidário, portanto não egoísta. É aquele que não se deixa seduzir pelo fanatismo, porque entende que não faz sentido odiar em nome de Deus, que é Amor. Enfim, é o que sabe respeitar a Sagrada Criatura Humana sem preconceitos e sectarismos. O que é ético não pode acovardar-se. Quando o território não é defendido pelos bons, os maus fazem "justa" a vitória da injustiça. (...)

Miséria não é o destino do Ser Humano

Na verdade, meu caro Ibrahim, o que a LBV propõe é um extenso programa de **Reeducação**. E é o que vimos realizando dentro de nossas possibilidades, procurando despertar o interesse de tantos idealistas, que, como nós, **não acreditam na fatalidade de destinos permanentemente condenados à desgraça**, por questões sociais, políticas, religiosas, étnicas... Além disso, nada se constrói firmado em recalques. (...)

* * *

O que é ético não pode acovardar-se. Quando o território não é defendido pelos bons, os maus fazem "justa" a vitória da injustiça.

Campo Grande/MS

Moisés e o *Fiat Lux!*

Agora, mais do que nunca, torna-se imprescindível a vivência do Amor Solidário Divino, porque ele é o único capaz de afastar da Terra as trevas do crime, da miséria e da dor quando compreendido e desempenhado em todo o seu poder compassivo, justo e, portanto, eficaz, não somente pela Religião, mas também pela Política, pela Ciência, pela Economia, pela Arte, pelo Esporte, pelos relacionamentos internacionais, pelo trabalhador mais simples e pelo mais projetado homem público.

MOISÉS E O *FIAT LUX*!

Em meu livro *Crônicas e Entrevistas* — lançado pela Editora Elevação em dezembro de 2000, no Congresso Viva Jesus!, que ocorreu em Belo Horizonte/MG, Brasil —, expressando nosso reiterado clamor por uma sociedade mais justa e orientada por leis da Fraternidade, ressaltei que Moisés[*49], ao descrever, de forma alegórica, a criação do Céu, da Terra e de tudo o que ela contém, revelou, no Gênesis, 1:3 e 4:

Arquivo Elevação
Moisés

[3] *E disse Deus: "Faça-se a Luz!". E houve Luz.*

[4] *E viu Deus que era boa a Luz, e fez a separação entre a Luz e as trevas.*

Ora, não pode haver Luminosidade, ou seja, Vida em plenitude espiritual-humana, onde não existir Amor, em seu mais elevado sentido. (...)

Persistindo em manter a consciência afastada desse sentimento sublime e dessa estratégia cósmica, o Ser Humano, religioso ou ateu, corre sério risco de pôr-se (...) em situação danosa para a sua Alma (ou Consciência), razão maior de tantos males que recaem sobre o mundo. A vivência da

---

[*49] Leia resumo biográfico na página 200.

Espiritualidade Ecumênica, isto é, do Bem, é motivo de saúde mental e social para o Cidadão Planetário, de acordo com o que afirmei na pregação do Evangelho de Jesus para os Simples de Coração, ainda na década de 1970.

Disso podemos inferir que o glorioso *Fiat Lux!*, revelado pelo chefe e legislador hebreu, poderia, em seu fulgor, ser interpretado com estas palavras:

Faça-se do Amor Fraterno a Lei Suprema dos cidadãos e dos povos *(Fiat Lux!)*.

(Agora, se os homens têm ou não seguido o ensinamento, depende deles... No entanto, é hora de corrigir o rumo, porque o perigo está às portas. A violência campeia. E Religião é para confraternizar.)

Direitos Humanos e tráfico desumano de mulheres e de crianças

A Fraternidade é, pois, uma urgente providência a antepor-se ao darwinismo social[*50], ampliado pela globalização desprovida de caracteres solidários: a sobrevivência, nua

---

*50 **Darwinismo social** — Escola de pensamento surgida no fim do século 19, cujo postulado básico era a aplicação do modelo biológico da evolução das espécies às sociedades humanas, entendendo que sua dinâmica seria dada pela lei da sobrevivência do mais apto na luta pela vida. De caráter racista, essa hipótese foi abandonada depois da Segunda Guerra Mundial, quando seus enunciados foram desmoralizados, perdendo legitimidade científica. Apesar disso, se observarmos bem o planeta, o darwinismo social continua por aí, disfarçado sob vários apelidos.

Charles Darwin

e crua, do mais forte — desvio provocado por uma leitura sociológica equivocada da teoria científica evolucionista do ainda tão discutido e famoso naturalista inglês Charles Darwin*[51] (1809-1882).

(Ora, o Ser Humano não pode ser reduzido aos ímpetos incontidos de um animal irracional e, dessa forma, classificado segundo impulsos que levam a aberrações. O tráfico de meninas, meninos e mulheres, conforme o dossiê distribuído em diversos idiomas pela Agenzia Fides, do Vaticano, *As Novas Escravaturas do Século 21 — O terrível drama de milhares de mulheres tratadas como "mercadoria" de um comércio muito lucrativo*, é trágico exemplo. Por sua importância e extensão, o estudo foi publicado em várias partes, em agosto de 2004. A seguir, uma pequena amostra da gravidade do problema:

Cidade do Vaticano (Agência Fides) — *(...) Nas últimas duas décadas a prostituição e o tráfico de pessoas com fins de exploração sexual têm alcançado magnitudes alarmantes em todo o mundo. Alguns dados nos dão uma ideia da gravidade do problema. (...) As Nações Unidas, em seu relatório de setembro de 2000, calcula em 4 milhões o número de mulheres que são vendidas a cada ano, com um desses fins:*

*[51] Leia resumo biográfico na página 200.

prostituição, escravidão ou casamento; e em 2 milhões o número de meninas entre 5 e 15 anos que são inseridas no comércio sexual.)

À procura de equilíbrio

Agora, mais do que nunca, torna-se imprescindível a vivência do Amor Solidário Divino, porque ele é o único capaz de afastar da Terra as trevas do crime, da miséria e da dor quando compreendido e desempenhado em todo o seu poder compassivo, justo e, portanto, eficaz, não somente pela Religião, mas também pela Política, pela Ciência, pela Economia, pela Arte, pelo Esporte, pelos relacionamentos internacionais, pelo trabalhador mais simples e pelo mais projetado homem público. Na verdade, o Ser Humano, sabendo ou não, **procura instintivamente o equilíbrio**, que só pode advir do exercício da Fraternidade, a grande esquecida — como lamentava Dom João Bosco[*52] (1815-1888) — da trilogia da Revolução Francesa (*Liberté, Égalité, Fraternité*), tanto que sua posição é a final do lema reformista, quando deveria ocupar a vanguarda deste. Por isso deu no que deu, com tanta gente guilhotinada. (...)

Arquivo Elevação
Dom João Bosco

Não foi sem motivo que Victor Hugo[*53] (1802-1885) declarou:

[*52 e 53] Leia resumo biográfico nas páginas 200 e 201.

— Sem Fraternidade não pode haver Paz.

Victor Hugo

Só se constrói a Paz com tolerância

O inspirado vate francês está corretíssimo. Portanto, não abdiquemos das medidas práticas para a edificação dessa nova e fraterna sociedade, pois, como revela o Espírito dr. Bezerra de Menezes*[54] (1831-1900), pela psicografia de Chico Periotto*[55]:

Bezerra de Menezes

— A Paz, a tão desejada Paz, é o sonho de todos, do Mundo Espiritual e da Terra. Apenas se constrói a Paz com tolerância. É impossível acreditarmos que o caminho da guerra, do ódio e da violência possa gerar Paz verdadeira. Mas o mundo trilha caminhos inesperados. Logo, é realmente importante exercitarmos o caminho do Ecumenismo e da confraternização entre os países.

Transformar dor em vitória

Não duvidemos de nossa capacidade, como Seres Humanos e Espirituais, de alcançar o hoje considerado insuperável. Temos muito mais aptidão para sobrepujar pro-

---

*[54 e 55] Leia resumo biográfico nas páginas 201 e 202.

blemas, por maiores que os julguemos, segundo avalia o médico, psicólogo, filósofo e escritor norte-americano William James[*56] (1842-1910):

Arquivo Elevação

William James

— A maioria das pessoas vive física, intelectual ou moralmente num círculo muito restrito do seu potencial. Faz uso de uma parte muito pequena da sua possível consciência e dos recursos da sua alma em geral, assim como um homem... que se habitua a usar e a mover somente o seu dedo mínimo. Grandes emergências e crises nos mostram como os nossos recursos vitais são muito maiores do que supúnhamos.

Diante disso, se as dificuldades são maiores, superiores serão os nossos talentos para suplantá-las. Se desse modo não fosse, onde estaríamos hoje caso os que nos antecederam, pelos séculos, se acovardassem? **A pior tragédia é desistir por causa das adversidades do mundo**. É falhar, portanto, com aqueles que confiam em nós. Os que vieram antes — com o combustível da Fé — **sublimaram** dor em vitória.

Ensino eficaz para libertar os povos

Se é árduo erigirmos a verdadeira Sociedade Solidária Altruística Ecumênica, então comecemos ontem!

---

*56 Leia resumo biográfico na página 202.

Como já lhes afirmei, **a Esperança não morre nunca.** Em *Crônicas e Entrevistas* expressei-me a respeito dela, que deve, não obstante todos os invernos dos corações, aquecer as Almas. Dizia que certamente semelhante expectativa ainda sustenta os corações de muitas crianças angolanas. Um diplomata, conhecido do meu companheiro de ideal ecumênico José Santiago Naud, cofundador da Universidade de Brasília (UnB), pôde apreciá-las em sua alegria inocente, apesar da guerra[*57] que ensanguenta a pátria de Agostinho Neto (1922-1979) há mais de vinte anos. Conta o erudito educador:

Cida Linares

José Santiago Naud

Arquivo Elevação

Agostinho Neto

— *Disse-me o amigo de torna-viagem que no interior, perto de Luanda, em Angola, viu comovido certa vez o grupo de uma centena delas, cantando em torno do seu mal pago professor, que dançava: "Se eu pudesse, voava/ ao encontro da paz,/abandonava essa guerra,/ ficava ao lado da Paz".*

A orfandade dos educadores

Essa comovente narrativa do professor Naud, que aca-

*57 **Guerra** — O presente artigo de Paiva Netto foi publicado, em primeira edição, em 2000, quando Angola ainda sofria os horrores de uma guerra civil que durou 27 anos e destruiu o país depois da independência do domínio português, em 1975.

bo de transcrever, me traz à lembrança um trecho de outro livro meu, *Reflexões e Pensamentos — Dialética da Boa Vontade*, na época da dicotomia comunismo–capitalismo: Na verdade, falta um tratamento digno aos professores, que são órfãos de um sistema econômico desumano, que vigora em várias regiões do mundo. Para argumentar, podemos dizer que — onde lhes são permitidas melhores condições de existência material — lhes é negado o direito de pensar e sentir e — onde não lhes é vedada a ação de pensar — não lhes é concedido sobreviver decentemente...

Sociedade Solidária Altruística Ecumênica Conclusão

Eis aí: gente educada, instruída e ecumenicamente espiritualizada é povo que rebenta os grilhões da miséria e os lança fora. Por isso, há tanto tempo asseguramos, conforme registrei em entrevista ao veterano jornalista Paulo Parisi, em 1981, que sem Educação e Instrução (e mais: sem reeducação, incluída a dos educadores, e Espiritualidade Ecumênica) não há verdadeiro progresso. **Enquanto não prevalecer o ensino eficaz por todos os de bom senso almejado, qualquer nação padecerá cativa das limitações que a si mesma se impõe**. Por isso, meus efusivos parabéns a grandes vanguardistas brasileiros: Anália Franco (1856-1919), Paulo Freire (1921-1997), Anísio Teixeira (1900-1971); e, em termos mundiais, os italianos Dom Bosco (1815-1888)

Fotos: Arquivo Elevação

Anália Franco

Paulo Freire

Anísio Teixeira

Dom Bosco

Maria Montessori

Booker T. Washington

Pestalozzi

e Maria Montessori (1870-1952); o norte-americano Booker T. Washington (1856-1915), primeiro presidente e o maior promotor do Tuskegee Normal and Industrial Institute, criado para formar alunos negros e indígenas, aos quais não era dada oportunidade em outras instituições de ensino reservada aos brancos; o suíço Pestalozzi (1746-1827), entre outros.

Para a construção de uma Sociedade realmente Solidária Altruística Ecumênica, precisamos ter Educação e Cultura, mas também muita Espiritualidade Ecumênica. Sem fanatismo, é claro!

Dom Bosco instruía seus discípulos acerca da Fraternidade como pilastra do ensino:

— *Recordai-vos de que educar é uma coisa do coração.*

E Alziro Zarur, o fundador da Legião da Boa Vontade, magistralmente advertia

— a vibração do ódio destrói o corpo humano, que foi feito para vibrar na Lei do Amor.

Portanto, cuida do Espírito, reforma o Ser Humano. E tudo se transformará.

Arquivo Elevação

São José do Rio Preto/SP

ARTIGOS

A Educação é sempre tema de inspiradas reflexões para o escritor Paiva Netto. Cônscio do comprometimento com seus leitores, o autor de É urgente reeducar! *procura todo o tempo unir a responsabilidade de formador de opinião à sua natureza de educador. Fato que facilmente se comprova em alguns dos artigos dele, publicados no portal Boa Vontade, em centenas de jornais, revistas e* sites *no Brasil e no exterior, e selecionados para esta obra, os quais reproduzimos a seguir.*

Os editores

É claro que as leis que promovem educação, saúde, alimentação, emprego, condições melhores de vida vão dar resultado, se bem estruturadas, regulamentadas e respeitadas. Contudo, não se transforma realmente uma pessoa por pura e simples imposição.

Lucian Fagundes

Aspecto parcial do público que superlotou o 8º Congresso Internacional de Educação da LBV, em São Paulo/SP, Brasil, sob o tema *Disciplina: um olhar além do intelecto.*

EDUCAR O SENTIMENTO

Fórum Internacional do Jovem Militante da Boa Vontade de Deus

Em 3 de julho de 2010, sábado, tive a honra de comandar a sessão solene do 35º Fórum Internacional do Jovem Militante da Boa Vontade de Deus. Na ocasião, a pedagoga Suelí Periotto, supervisora da Pedagogia da LBV, apresentou resumo do 8º Congresso Internacional de Educação da LBV, ocorrido nos dias 29 e 30 de junho e 1º de julho, na capital bandeirante. O encontro reuniu renomados

Fotos: Vinícius Bueno

Sílvio Kaloustian

Helena Bomeny

Claudia Costin

Fátima Pacheco

conferencistas sob o tema *Disciplina: um olhar além do intelecto*. Ao explanar, a professora Suelí destacou, entre outros relevantes pontos, a palavra de Sérgio Behnken, mestre em Psicologia pela PUC-Rio, professor de Psicologia e RH da Universidade Estácio de Sá e de pós-graduação da UBM (Barra Mansa/RJ), da Machado Sobrinho (Juiz de Fora/MG) e da Dom Bosco (Resende/RJ):

Vinícius Bueno

Sérgio Behnken

— *Agradeço mais uma vez o que aprendi com a LBV. E faço questão de onde estiver falar disso, principalmente sobre a ideia de educar sentimentos. (...) Não basta trabalhar o corpo, com uma educação que valorize apenas a boa alimentação, a prática esportiva. Não adianta somente desenvolver o lado intelectual, com conceitos, conteúdo, se a gente não olhar também para o aspecto emocional dessa mente humana, a educação dos sentimentos. E só para dar um exemplo, às vezes numa conversa com um pai, você pergunta: Como está o seu filho? E ele responde: Está muito bem, porque tem boas notas na esco-*

Suelí Periotto

Dra. Milú Villela

Anísia Sukadolnik

Arnaldo Niskier

Lucian Fagundes

la e não tem nenhuma doença. Quando se aprofunda um pouco no diálogo, percebe-se que essa criança não tem um amigo, não consegue se relacionar com os colegas da rua, na sala de aula ninguém quer fazer trabalhos com ele. Então, está muito bem intelectualmente, fisicamente, mas na educação do sentimento, tão preconizada pela LBV, ele está mal. E isso acontece em qualquer nível, inclusive no superior. Alunos com o coeficiente de rendimento muito alto, com notas muito boas, não conseguem uma posição melhor no estágio, pois não alcançam aprovação naquela dinâmica de grupo onde se pode ver como eles interagem com outras pessoas. (...) São muito bons no aspecto racional, no conteúdo tiram notas altíssimas, mas desde o ensino fundamental não foram educados emocionalmente, que é o que a gente vê de bonito, de exemplar, dentro da LBV. Portanto, parabéns a todos!

A professora Suelí ainda relembrou a palavra do secretário de Educação do Rio Grande do Sul, Ervino Deon, que comentou:

Vinícius Bueno
Ervino Deon

— Essa abordagem feita aqui nesse Congresso é extremamente importante, atualizadíssima, presente no nosso meio, da questão da integração, do envolvimento do aluno com a escola. Obrigado mais uma vez à LBV, ao Paiva Netto, com o seu trabalho, o seu perfil que todos nós conhecemos muito bem. Foi uma oportunidade toda especial para mim, como secretário, como gestor e professor, pai de família, poder conviver com isso aqui.

Ilustres educadores

Meus agradecimentos ao professor Sérgio Behnken, ao dr. Ervino Deon e aos demais brilhantes conferencistas que contribuíram para o sucesso desse evento da LBV. Lá estiveram o meu amigo de muitas décadas, o jornalista, escritor e membro da Academia Brasileira de Letras (ABL) Arnaldo Niskier; Celso Antunes, psicopedagogo e mestre em Ciências Humanas pela Universidade de São Paulo (USP); Sílvio Manoug Kaloustian, gestor de programas do Fundo das Nações Unidas para a Infância (Unicef); Helena Bomeny, subsecretária municipal de Educação do Rio de Janeiro, representando a secretária Claudia Costin; Fátima Pacheco, licenciada em Ciências da Educação pela Faculdade de Psicologia e de Ciências da Educação da Universidade do Porto, Portugal; e a professora Anísia Villas Boas

Sukadolnik, vice-presidente do Instituto Faça Parte e diretora do Centro de Voluntariado de São Paulo, representante da dra. Milú Villela, presidente do Museu de Arte Moderna de São Paulo (MAM), do Instituto Faça Parte e do Centro de Voluntariado de São Paulo (CVSP), que na oportunidade foi homenageada pela LBV.

MAPREI

Tivemos ainda o lançamento da publicação especial *Educação com Espiritualidade Ecumênica — Manual da Pedagogia do Afeto e da Pedagogia do Cidadão Ecumênico*, proposta pedagógica da LBV, distribuída entre os congressistas. Dela faz parte o Método de Aprendizagem por Pesquisa Racional, Emocional e Intuitiva (MAPREI), metodologia própria, aplicada na rede de ensino e nos programas socioeducacionais da Instituição.

Como ressaltou o consagrado professor Niskier durante o Congresso:

> — *Tenho certeza de que a LBV faz parte de uma nova pedagogia que se desenvolve em nosso país, que é a Pedagogia da Boa Vontade. Ela é ecumênica, democrática, estimulante.*

Jesus, o Mestre do Ensino, no Ensino, como Mestre

Quando cito em minhas palestras e escritos os educadores, procuro dirigir-me não apenas aos heroicos profissionais dessa vocação, aos que realmente merecem essa deferência, contudo, àqueles que recebem de Deus (todos nós) a missão de encaminhar pela estrada correta as futuras gerações. E tantas vezes — a História está repleta de exemplos — as lições cotidianas adquiridas nos bancos escolares da existência também preparam o aluno para enfrentar os desafios de uma sociedade que chega aos estertores da postura suicida em relação ao meio ambiente.

Linha educacional ecumênica

Aproveitando o ensejo, trago algumas ponderações desenvolvidas por mim ao longo dos anos, no Rádio e na TV, e que pautam a linha educacional ecumênica do Instituto de Educação e das demais escolas da Legião da Boa Vontade (LBV):

A Pedagogia de Deus, antevista pelo saudoso fundador da Legião da Boa Vontade, Alziro Zarur (1914-1979), da qual decorrem a Pedagogia da Boa Vontade e consequentemente a Pedagogia do Cidadão Ecumênico e a do Afeto, marca da LBV no transcurso de seus 60 anos, visa à construção da criatura livre, pelo Amor, pela Verdade e pela Justiça Divinos. Consoante o Senhor da Paz, está singularizada no

> — *Amai-vos como Eu vos amei. Somente assim podereis ser reconhecidos como meus discípulos* (sentimento) *e no Conhecereis a Verdade* [de Deus], *e a Verdade* [de Deus] *vos libertará* (razão). Evangelho segundo João, 13:34 e 35, e 8:32.

Por que Pedagogia do Afeto? Porque a estabilidade do mundo começa no coração da criança. Não por acaso o dia dos pequeninos, 12 de outubro, é tão perto da data dos professores, 15 do mesmo mês.

A Pedagogia de Deus significa Jesus, o Mestre do Ensino, no ensino, como Mestre.

Ora, da mesma maneira que, para sobreviver, precisamos do pão de trigo, necessitamos do pão espiritual, o que desceu do Céu, o pábulo da liberdade plena, o alimento da Vida eterna para todos aqueles que Nele confiam, pois O respeitam (Boa Nova, nos relatos de João, 6:22 a 59).

Antes, porém, Ele, o Cristo, como o Pedagogo dos pedagogos, mostrou-nos, para comprovação, a potência que a Sua Sublime Palavra oferta aos que nela se fortalecem: andou sobre as águas (João, 6:16 a 21). Convocou, assim, nossa mente a livrar-se do temor do impossível. Demonstrou que nós, indivíduos, é que criamos limites para nós mesmos e consequentemente para nós, povo.

A Educação e a Cultura imanentes desse Divino Ser, Bálsamo transubstancial que baixa das Alturas, oferecendo *"Paz na Terra aos Homens de Boa Vontade"* (Evangelho consoante Lucas, 2:14), é o de que todos carecemos, cidadãos e sociedade, sabendo ou não, para que estejamos livres de qualquer espécie de fome e de escravismo: desde o corpo ao Espírito. Trata-se da sempre nova, porquanto imortal, intelectualidade, acima de espaço-tempo conhecidos, que há de iluminar os colégios e universidades, a exemplo da Física existente além da Física. O conhecimento que vem do Educador Celeste — para sublimar todas as vitórias humanas — é um triunfo diário, a convidar a criatura, ainda infrene, a galgar patamares jamais vislumbrados, não unicamente no campo restrito à Religião, todavia na seara da Filosofia, da Ciência, da Economia, da Arte, do Esporte, da Política etc. O pensamento universal do Cristo não pode ser jugulado pelo raciocínio tartamudo do homem a erguer-se do curso primário na Grande Escola chamada evolução.

Enquanto não nos transformarmos de solitários em solidários, andará faltando humanidade à Humanidade. E aí está a causa de todo o perigo que tem sufocado o mundo, a mãe desnaturada dos prejuízos que sofremos.

Mas os Seres Espirituais e terrestres, em constante progresso, derrubarão inúmeras barreiras que, pelos séculos, retardam a sua felicidade. E finalmente a Ciência iluminada pelo Amor elevará o Ser Humano à conquista da Verdade.

Proclama o Salmo 99, versículo 9: *"Exaltai o Senhor, nosso Deus, e prostrai-vos ante o Seu Santo Monte"* (isto é, Sua Sabedoria, que desce à Terra na forma de Pão Espiritual, ou seja: Seu Intelecto exuberantemente clareado pelo Seu Amor), porque Santo é o Seu Nome. E a Ele rendamos tributo, glória e majestade, como canta o Salmista, 96:1 a 13.

Os Tempos chegaram.

Pedagogia do Cidadão Ecumênico

Inteligências Múltiplas

A pedagoga Suelí Periotto me informa que, durante entrevista para o programa *Educação em Debate,* da Super Rede Boa Vontade de Rádio, o conceituado professor, escritor e conferencista Celso Antunes, ao ser indagado sobre nossas ações educacionais, comentou:

— *A Boa Vontade se incorporou às minhas amizades, há muito tempo. (...) Tenho plena consciência do trabalho realizado por sua Fundação. Já estive várias vezes com vocês. Tive a oportunidade de ler toda a obra de Paiva Netto, que chegou às minhas mãos e, portanto, creio — atribuam ou não a esse objetivo o nome de inteligências múltiplas —, ele se integra plenamente dentro deste conceito, porque efetivamente nunca me pareceu que tenha sido uma preocupação de vocês o desenvolvimento exponencial daquele aluno que seria o "geniozinho", mas a formação integral da pessoa. E por acreditar plenamente nessas linhas educativas é que reitero que não falo à Legião da Boa Vontade apenas como quem dá uma entrevista, mas como pessoa que realmente se sente identificada com a sua filosofia e a linha do seu trabalho.*

Visita Fraternal

O presidente da Ordem dos Advogados do Brasil (OAB), seção Rio Grande do Sul, dr. Claudio Pacheco Prates Lamachia, esteve, no dia 15 de setembro de 2008, nas dependências da Legião da Boa Vontade na capital gaúcha e no município de Glorinha/RS. O Portal Boa Vontade (www.boavontade.com) trouxe detalhes da ilustre visita:

No Centro Comunitário e Educacional da LBV, em Porto Alegre, o dr. Claudio foi recebido pelo seu Coral Ecumênico Infantil, composto por meninos e meninas atendidos pelo Programa LBV — Criança: Futuro no Presente!. *Ao chegar ao Lar e Parque Alziro Zarur, em Glorinha, o presidente da OAB conferiu o trabalho realizado com os guris e também com as crianças da comunidade. O visitante ficou muito satisfeito com o diferencial de educação aplicado em cada programa desenvolvido pela Instituição, a Pedagogia do Cidadão Ecumênico: "Falo sobre isso com muita tranquilidade, principalmente de alguém que foi criado dessa forma, pois meu saudoso pai era um educador. A educação conduz justamente à inclusão. Sempre que tivermos a educação com essa visão, e principalmente com a visão daquilo que presenciei hoje aqui na LBV, seguramente estaremos caminhando a passos largos para a correção dos equívocos que ainda temos na nossa sociedade.*

Lucian Fagundes

Claudio Lamachia

É um trabalho que deve servir de paradigma para outras entidades".

Grato, prof. Celso e dr. Claudio. Suas palavras servem de grande incentivo para expandirmos cada vez mais esta linha educacional, que une à instrução excelente a vivência dos mais nobres sentimentos que o Ser Humano possa expressar em comunidade.

Aqui se estuda. Formam-se Cérebro e Coração

Num clima de muita alegria, tive a honra de comandar, em 4 de julho de 2009, a sessão solene de encerramento do 34º Fórum Internacional da Juventude Ecumênica Militante da Boa Vontade, cujo tema foi inspirado no meu artigo "É urgente reeducar!". Esse documento, também editorial da revista *Sociedade Solidária*, foi encaminhado pela LBV à Organização das Nações Unidas, ONU, em vários idiomas.

Durante o evento, transmitido pela Super Rede Boa Vontade de Comunicação (rádio, TV e internet), apresentei trechos de outra página minha, constante do livro *O Capital de Deus*. Atendendo a pedidos, trago alguns apontamentos que fiz naquele dia memorável:

O Espírito do Ser Humano, na Terra, é, no campo social, o começo de tudo. Não se pode modificá-lo por decreto.

É claro que as leis que promovem educação, saúde, alimentação, emprego, condições melhores de vida vão dar resultado, se bem estruturadas, regulamentadas e respeitadas. Contudo, não se transforma realmente uma pessoa por pura e simples imposição.

Trata-se de largo trabalho que deve, além de instruir e educar, principalmente **reeducar**, o que significa dizer: iluminar a instrução comum com o luzeiro da Espiritualidade Ecumênica. A cultura humana, por milênios de progresso intelectual, tem se firmado em termos gerais na falsa perspectiva de que as criaturas podem por inteiro realizar-se pelos bens materiais ou circunstâncias fora delas próprias. Torna-se imprescindível grande força de vontade individual e disciplina interior para romper a ignorância e perceber que a maior e mais completa de todas as riquezas, que é o Reino de Deus, *"está dentro de nós"* (Evangelho de Jesus segundo Lucas, 17:21).

Conforta-nos o conhecimento de que o Universo é dotado de sábio mecanismo para nos resgatar dos pesadelos terrenos, desde que estejamos, de fato, decididos a deixá-los para trás. Antigo ditado oriental ensina que *"quando o discípulo está pronto, o mestre aparece"*. E Albert Einstein define: *"Deus é sutil, mas não é maldoso"*.

Insisto que não se trata apenas de ampliar os horizontes culturais do educando, o que é necessário, mas não é tudo. Em geral, quando se fala em cultura neste mundo, resume-se somente ao intelecto, e não é o suficiente. No Instituto de Educação da LBV em São Paulo e em suas escolas no país, encontra-se, em destaque, logo na entrada: Aqui se estuda. Formam-se Cérebro e Coração.

Luz e Sabedoria Espiritual

Aquele que experimenta, um pouco que seja, dos cenários divinos que habitam sua Alma não mais se conforma com as recompensas superficiais e efêmeras do egoísmo. Ao contrário, lutará incessantemente para despir-se das ilusões de seu ego, a fim de trajar-se com o cintilante tecido do Amor e da Justiça universais. Essa metamorfose espontânea do indivíduo — descoberta da verdadeira identidade espiritual — é fórmula segura e duradoura para a almejada reforma da sociedade, que não virá em sua plenitude se o Espírito do cidadão (ou cidadã) não for levado em alta conta.

O Novo Céu da consciência de cada um, gerando a Nova Terra da harmonia e do respeito entre todos, na Religião, na Política, na Ciência, no Esporte, na Arte, na Economia, na vida doméstica e na vida pública, e assim por diante, sob os auspícios da Justiça, dentro da Verdade e da Bondade, é instaurar no planeta a civilização que o Divino Estadista aguarda de nós.

[É necessário, neste mundo de tanta violência, salientar o fato de que, ao me referir à Justiça, não menciono vingança, e quanto à Verdade, não incluo fanatismos, sejam religiosos, filosóficos, políticos, científicos, em resumo, ideológicos.]

Máquina humana e óleo do sentimento

Educação, tema sempre em pauta. Urge ser difundido e encarado, por todos nós, como a trilha segura que encurta a distância social entre as classes. É também eficiente antídoto contra a violência, a criminalidade, as doenças e tudo o mais que anula o crescimento salutar de um povo.

Atendendo à solicitação de amigos, apresento trechos da conferência que proferi em 9 de março de 2010, no Rio de Janeiro/RJ, com a participação, via internet, de várias localidades do Brasil e do exterior. Entre os assuntos abordados, estava a Pedagogia de Deus, preconizada por Alziro Zarur (1914-1979), que, ao longo do tempo, fizemos desdobrar-se na tese socioeducacional da Legião da Boa Vontade voltada a aliar o desenvolvimento cognitivo do educando à cultura do respeito plural; por isso, sempre com Espiritualidade Ecumênica, sobre que lhes tenho sobejamente falado. Daí surgiram respectivamente a Pedagogia do Afeto, para as crianças, e a do Cidadão Ecumênico, para os jovens e adultos.

Discorrendo, de improviso, sobre a matéria, afirmei que não basta instruir-se das coisas racionais. Conforme ressaltei em fevereiro de 1984, dirigindo-me às mulheres envolvidas nas ações da LBV, e posteriormente em artigo na *Fo-*

lha de S.Paulo, em 27 de julho de 1986: A instrução, para nós, é aquela que aprendemos na escola, e que deve ser associada ao lar. Não o substitui, mas é imprescindível (...). A sociedade e o governo devem permanentemente unir-se para estabelecer a estrutura que, de fato, forme uma pátria mais feliz. Quanto pior o ensino, pior o futuro. Aliás, sem educação não existe o amanhã. Lembram-se do Plano Marshall, de que já lhes falei tantas vezes? Destaque para o Japão, com MacArthur, e para a Alemanha, que se reergueram pujantemente. No entanto, a produção desses dois países, e de muitos mais, iria à bancarrota naquele período e em qualquer outro se não fosse preparada a geração em que o ensino tivesse profundidade, que serviria de base às demais.

Afeto e Respeito

Reclama-se bastante da violência nas escolas, mas se o estudante vai para lá aprender a expandir o próprio raciocínio a fim de tornar-se capaz de absorver as lições necessárias à sua formação técnica, **lado a lado, o cuidar melhor possível do sentimento deve ser levado na devida consideração.**

O afeto para as crianças e o respeito aos jovens são semelhantes a uma máquina funcionando: em uma parte das rodas dentadas, a mente, a lógica; em outra, a Alma, o sentir, que impede que nos tornemos cada vez mais selvagens! Ora, os dentes da roda vão se encontrando e fazendo o mecanismo girar. Contudo, se Você não põe nessa engrenagem o óleo da Fraternidade, da Solidariedade, da Misericórdia, tudo grimpa, trava, cria ferrugem e entra em falência!

Função precípua

Vocês já viram algum instrumento funcionar bem se não estiver devidamente lubrificado? O que é a Humanidade? É como extraordinário engenho que precisa ser tratado com o óleo do sentimento que vem de Deus, que é Amor, portanto Caridade. E sabem quais são as suas rodas dentadas? **Nós!**, que não somos pedaços de metal que enferruja, a não ser que estejamos infectados pelo ócio paralisante.

Aí está nossa função precípua: instruir-se, educar-se, reeducar-se, para com eficiência instruir, educar e reeducar. Instruir para mim não é apenas transmitir o bê-á-bá da ciência terrena, mesmo que seja a mais elevada Matemática, Física, Química, Astronomia etc. Porque, se não houver o bom alimento para a Alma, esse aprendizado instrutivo levará o Homem sem tal boa nutrição a conduzir o pensamento para atos cada vez mais destrutivos.

Eis que a Educação, quando acertada, liberta. E, com a Espiritualidade Ecumênica, sublima.

Acesse: www.paivanetto.com

e cadastre-se em Newsletter para receber semanalmente os artigos do jornalista Paiva Netto

Extratos de Cidadania do Espírito

Formar Cidadãos Ecumênicos, com base na proposta de reeducação encontrada neste livro, significa preparar os indivíduos planetários a exercer uma nova postura em sociedade globalizada, fundamentada na realidade espiritual que se descortina diante dos nossos olhos. Portanto, nada mais oportuno do que oferecer a você, prezada leitora, prezado leitor, uma amostra do que nos reserva a esperada obra de Paiva Netto: ***Cidadania do Espírito****, que está sendo revista e ampliada pelo autor.*

Os editores

EXTRATOS DE *CIDADANIA DO ESPÍRITO*

1. Cidadania, no seu significado lato, não se restringe ao corpo do cidadão, porquanto provém de seu Espírito eterno. A compreensão disso será uma das maiores vitórias da sociedade no próximo milênio (estávamos no milênio segundo), o da **Cidadania Espiritual**.

2. O Amor, a Misericórdia e a Justiça **dentro da Verdade** (como preconizou o Profeta Isaías, capítulos 64 e 65, ao propor aos Seres Humanos o conhecimento e o respeito à Justiça de Deus) constituem a base da convivência harmoniosa. É a sustentação de um povo que deseja progredir em Paz, nesta e na Outra Vida, porquanto a verdadeira cidadania tem início na Existência Invisível, de onde viemos e para onde retornaremos. Daí sermos, antes de tudo, Cidadãos do Espírito.

3. Geralmente, os povos e suas pátrias têm sido hábeis na **capacidade de subsistir**, a despeito de desinstrução, **falta de caridade**, fome, peste ou guerra. E isso ocorre por força do Espírito imortal que habita cada uma de suas cidadãs e de seus cidadãos, tenham ou não consciência dessa realidade. **É fundamental compreendermos que a verdadeira cidadania possui origem no Céu**, de onde realmente viemos, pois ***há Vida antes da Vida***. (...) Indispensável então se torna recorrermos, **através de Prece elevada**, à Sabedoria Plena que vem do Mundo (ainda) Invisível para guiar nossas ações. Para o que é urgente assimilarmos o princípio básico de Fraternidade que devemos ter para com o nosso próximo. Do contrário, poderemos acabar enquadrados nesta admoestação do sábio chinês Confúcio (551-479 a.C.), contemporâneo de Lao-tsé*[58] (570-490 a.C.): *"Se não somos capazes de servir ao Ser Humano, como podemos servir aos Entes Espirituais?"* Do que se infere, vale o reforço, que, como nos é necessário manter o contato superior com o Mundo Espiritual, precisamos, e por espírito de Solidariedade, servir às Criaturas Terrestres. E disse ainda o filósofo: *"Quem ofende o Céu já não tem a quem orar"*.

4. Os economistas também constituem Espírito antes de serem carne. Daí a nossa assertiva de que a Energia Inteligente, a qual muitos chamam Alma, deve ser o fulcro da Ciência (ou Arte) denominada Economia, em torno da qual gira a sociedade humana (...).

5. O mercado, sempre que gerido de forma desumana, portanto, irresponsável, lesa nações, ameaçando desen-

*[58] Leia resumo biográfico na página 202.

cadear nelas o fim da democracia. Pode provocar reação avassaladora, a tudo afetando subitamente. Globalização sem espírito humanitário é prenúncio de novos conflitos, que a cegueira da ambição não deixa ver.

6. Costumo dizer que, para a Cidadania Espiritual, conhecimento não tem fim. O caminho do aprendizado é infinito. Então, por que se pretender que todas as bases do intelecto humano se encontram estabelecidas? Ora, ser constantemente revista é o grande apanágio da Ciência, o sinete de sua amplitude, a segurança do seu desenvolvimento, o qual tem elevado a novos estágios a Humanidade.

7. O pastor Martin Luther King Jr., destacado batalhador pela igualdade de direitos civis nos Estados Unidos, em discurso proferido a 10 de abril de 1957, na cidade de Saint Louis, Estado de Missouri, declarou com precisão: ***"A verdadeira paz não é meramente ausência de tensão, é a presença da justiça"***. Está certo o famoso lidador da causa da filosofia de não violência, pois a Paz é um dos mais potentes talentos de Deus, sinônimo de Amor e de Justiça dentro da Verdade. Tudo deve convergir para ela e dela se expandir. Nada tem a ver com covardia, mas com bom senso e ação fraterna eficiente. *"Vigiar e orar"* (Evangelho segundo Marcos, 14:38) é valioso ensinamento de Jesus Ecumênico, o Divino Estadista, para alcançar, com forte decisão e grande paciência, a Paz.

8. Costumo enfocar em meus artigos na imprensa e palestras no rádio, na televisão e na internet: O milagre que Deus espera dos Seres Humanos (e **Espirituais**) é que aprendam a amar-se. E a prece é ferramenta poderosa para essa metamorfose urgente, porquanto **a oração é o alimento da Alma e o Amor, a substância da Justiça e da Paz.**

9. Negar, *a priori*, a essência do que intimamente procura torna difícil ao pensamento científico o privilégio de beneficiar-se com a descoberta do que instintivamente busca: **o Espírito.** Mas todos chegaremos lá. É uma questão de tempo. Em 16 de agosto de 1884, no seu jornal *Gazeta da Tarde*, o abolicionista José do Patrocínio[*59] (1853-1905), um dos fundadores da Academia Brasileira de Letras, assim discorreu: *"Como no equilíbrio da Natureza, as resistências só servem para aplicar e distribuir a força em movimentos regulares; no mundo social as oposições, apenas, servem para concretizar e sistematizar as ideias e dar-lhes a orientação mais adaptada para se desenvolver e vencer"*.

Arquivo Elevação
José do Patrocínio

10. O Capital de Deus e Cidadão Espiritual deve pensar com o coração e sentir com a mente; **elevar-se da inteli-**

---

*59 Leia resumo biográfico na página 202.

gência à Sabedoria, para construir a Sociedade realmente Solidária Altruística; considerar, por exemplo, que, se não houver supremo respeito ao maior produtor (o Ser Humano) e ao maior consumidor (também o Ser Humano), o mercado, como hoje é estabelecido, poderá levar a breca. Os "Tempos chegaram"; portanto, são outros, apesar de a maioria não perceber, fato que é comum na História. Disse Jesus:

> 26 *E, como aconteceu no tempo de Noé, assim será também nos dias do Filho de Deus.*
> 27 *Comiam, bebiam, casavam, e davam-se em casamento, até que Noé entrou na arca, e veio o dilúvio, e os consumiu a todos.*
> 28 *Como também da mesma forma aconteceu na época de Ló: comiam, bebiam, compravam, vendiam, plantavam e edificavam;*
> 29 *Mas no momento em que Ló saiu de Sodoma choveu do céu fogo e enxofre, e os consumiu a todos.*
> 30 *Assim será quando o Filho de Deus se manifestar.* (Evangelho segundo Lucas, 17:26 a 30)

"Fim dos Tempos" — Utilizo aqui essa expressão, em vez de "fim do mundo", pois não acredito que o planeta vá acabar, mas transformar-se, conforme explico em *As Profecias sem Mistério* (84ª edição, pp. 71 a 74): Avizinha-se de nós o término do reino da maldade, da impunidade, da insensibilidade, contudo o início da regeneração. (...) Vivemos constantemente pequenos ciclos de transformações apocalípticas, ou seja, de restrita expressão histórica, humana e espiritual, ante as grandes eras de mudança, também apocalíptica, como esta que passamos. Está, portanto, sempre ao nosso lado a oportunidade de regeneração, nesses pequenos ciclos que se sucedem, porque Jesus, **todos os dias**, nasce nos corações de Boa Vontade e também porque Deus declara no Apocalipse, 21:5: ***"Eis que faço novas todas as coisas"***, tais como: a Nova Jerusalém, o Novo Céu, a Nova Terra, para quem alcançar merecimento. De acordo, pois, com o que o próprio Pai Celestial já anunciara, pelo Profeta Isaías, no Velho Testamento da Bíblia Sagrada, 65:17 e 18, aos que se tornarem credores dos Tesouros Celestes:

Arquivo Elevação

Isaías

17 Eis que Eu crio novos céus e nova terra; e não haverá mais lembrança das coisas passadas, jamais haverá memória delas.

18 Mas vós folgareis e exultareis perpetuamente no que Eu crio; porque eis que crio para Jerusalém alegria, e para o seu povo, regozijo.

11. Fazer **prece** (que se assemelha a **meditar**) constitui um entrelaçamento entre a Terra e o Céu, uma interação de Paz, de Fraternidade, de Solidariedade, de sentimento de compaixão uns pelos outros na hora da dor e da ale-

gria, a despeito de crença ou descrença. Não se ora apenas quando nos ajoelhamos de corpo ou espírito diante do Poder Superior. Sobretudo, quando nos amamos uns aos outros tanto quanto Jesus nos tem amado, quanto Moisés amou, quanto Maomé amou, quanto Buda amou, quanto Lao-tsé amou, quanto Confúcio amou, quanto Zaratustra amou; e conforme incontáveis missionários de Deus trouxeram à Terra uma mensagem de Paz, de Misericórdia, de Conhecimento, de Fraternidade. E o mundo precisa tanto disso para sobreviver! Eis por que é necessário que haja forte atenção à disciplina **além do intelecto** (só o intelecto humano não basta), conforme propõem a Pedagogia do Afeto e a Pedagogia do Cidadão Ecumênico. Elas são isso. Representam o encontro com Deus, o Criador Supremo, por meio de suas criaturas, Cidadãs do Espírito. Do contrário, nada adianta, pois nos poderemos acabar estorricando uns aos outros e a reproduzir a profecia de Pedro Apóstolo, na sua Segunda Epístola, capítulo 3º[*60].
No entanto, a Humanidade é teimosa e sempre sobrevi-

[*60] **Segunda Epístola do Apóstolo Pedro, capítulo 3º:**

8 Mas, amados, não ignoreis uma coisa: que um dia para o Senhor é como mil anos, e mil anos, como um dia.
9 O Senhor não retarda a Sua promessa, ainda que alguns a tenham por tardia; mas é longânimo para conosco, não querendo que alguns se percam, senão que todos venham a arrepender-se.
10 Mas o Dia do Senhor virá como o ladrão de noite, no qual os céus passarão com grande estrondo, e os elementos, ardendo, se desfarão, e a terra e as obras que nela existem serão atingidas.

ve aos seus mais enlouquecidos tempos e comandantes. Quanto ao fato de ter eu afirmado que fazer **prece** assemelha-se a **meditar**, significa dizer que **nem os Irmãos ateus estão excluídos desse benefício.**

12. Quando há Amor verdadeiro, incontrastável empenho e consagrada competência, que se desenvolve com labor e zelo — desde a fixação de um simples prego na madeira (creia no seu valor próprio!) —, não existem limites para o alicerce de um mundo melhor. (...) Realizar o Bem voluntariamente é uma das mais belas páginas de Amor que o Cidadão do Espírito pode escrever. O Profeta Maomé (570-632) — *"Que a paz e a bênção de Deus estejam sobre ele!"* — ensina: "*Uma boa ação é aquela que faz aparecer um sorriso no rosto do outro*".

13. Estamos vivendo um **Novo Renascimento**, que tem o Espírito, nossa forma original, como fundamento. Nem todos a percebem. Sua compreensão é a aliança pragmática entre a racionalidade humana e a Espiritualidade Celeste. **O governo da Terra começa no Céu**, convém reiterar sempre.

---

[11] Visto que todas essas coisas serão assim desfeitas, vivei em santo procedimento,

[12] Esperando e **apressando** a vinda desse Dia do Senhor, por causa do qual o céu incendiado se desfará e os elementos abrasados se derreterão.

[13] Nós, porém, segundo a Sua promessa, esperamos Novo Céu e Nova Terra, onde habitará a Justiça de Deus.

14. Apesar de saber que nem a Terra nem mesmo o Sol são o centro do Universo, o Ser Humano, em número apreciável, continua acreditando constituir o fulcro universal de todo o saber. Essa mentalidade geocêntrica, ou antropocêntrica, ou ambas, dificulta a dessectarização dos assuntos em debate.

15. Desenvolvamos, portanto, a **dessectarização do Cristo** para alcançarmos a **universalização do pensamento Dele**, e consequentemente a **dessectarização do Cristianismo**, para atingirmos a Sua **universalização**, pela sublime sintonia com Ele, Jesus, o Cidadão do Espírito e Estadista Celeste. Muito oportuno este pensamento do saudoso amigo, presidente da Academia Brasileira de Letras (ABL), Austregésilo de Athayde[*61] (1898-1993): "*A verdadeira religião ensina, orienta, edifica, porém não ameaça. A infinita bondade de Deus não pode ser clava mortal para os pecadores*".

16. É imprescindível a compreensão de que o Divino Mestre não é monopólio de qualquer crença, por mais notável ou elevada que seja. Ele é o Libertador Divino. Compreendido livre do vezo da intransigência, deixa de ser visto como "uma peça" — forma pela qual os escravos eram cruelmente rotulados e tratados. (...) Li-

---

[*61] Leia resumo biográfico na página 202.

bertador sob algemas?! (...) Desse modo, jamais poderia libertar alguém. Porquanto, não é Jesus que pertence a nós — raciocínio que desastrosamente tem levado a muitos conflitos lastimáveis, na luta por Sua propriedade —, mas nós é que pertencemos a Ele. (...) É urgente, pois, instruir-se, educar-se, reeducar-se, para devidamente instruir, educar e reeducar em Deus, no Cristo Ecumênico e no Espírito Santo. É a Cruzada de Reeducação Geral da LBV em marcha.

17. No dia em que a Ciência ultrapassar as fronteiras estabelecidas **não por ela mesma**, mas por alguns temerosos corifeus da sua área de abrangência, a Humanidade não mais conhecerá obstáculos para cumprir o seu magnífico destino de **civilização civilizada**... Deparará, nesse tempo, com a mais desafiadora das verdades: **o Mundo Espiritual existe, a Vida não cessa com a morte**. Não estamos condenados à podridão do túmulo ou ao nada aterrorizador.

18. A Caridade não é um sentimento de tolos. É a misericordiosa estratégia de Deus que, aliada à Justiça Divina (que não é a violência que homens inescrupulosos têm como tal), estabelece nos corações a condição perfeita para que se governe, administre, empresarie, trabalhe, pregue, exerça a Ciência, elabore a Filosofia e se viva, **com espírito de generosidade**, a Religião.

19. O Capital de Deus, isto é, o Ser Humano, com sua Alma imortal, ou mais corretamente dizendo: a Alma imortal **que dá vida ao Ser Humano**, daí a Cidadania do Espírito, **é o novo antiquíssimo dado que os economistas precisam descobrir, respeitar, analisar, de forma que a Terra seja testemunha de profunda transformação sem precedentes.**

20. Jesus, Grande Economista do planeta Terra, competentemente se vale das capacidades de Deus e, assim, semeia entre os seres terrestres, em consonância com o merecimento de cada um, os Talentos Divinos. E tem poder para isso, conforme Ele mesmo revelou: *"Eu e o Pai somos Um"* (Evangelho segundo João, 10:30). E Emmanuel, em seu *A Caminho da Luz*[*62], no capítulo 12, em "A Palavra Divina", tece as seguintes considerações sobre Jesus e o Cristianismo do Cristo:

> — *De Suas lições inesquecíveis, decorrem consequências para todos os departamentos da existência planetária, no sentido de se renovarem os institutos sociais e políticos da Humanidade, com a transformação moral dos homens dentro de **uma nova era de justiça econômica** e de **concórdia universal**.*

[*62] XAVIER, Francisco Cândido. Emmanuel. *A Caminho da Luz.* 16ª edição. Rio de Janeiro: FEB, 1939, p. 108.

***Pode parecer que as conquistas do verdadeiro Cristianismo sejam ainda remotas, em face das doutrinas imperialistas da atualidade**, mas é preciso reconhecer que dois mil anos já dobaram sobre a palavra divina. **Dois mil anos em que os homens se estraçalharam em Seu nome, inventando bandeiras de separatividade e destruição**. Incendiaram e trucidaram, em nome dos **Seus ensinos de perdão e de amor, massacrando esperanças em todos os corações**. Contudo, o século que passa deve assinalar uma transformação visceral nos departamentos da vida. A dor completará as obras generosas da verdade cristã, **porque os homens repeliram o amor em suas cogitações de progresso**.* (Os destaques são nossos.)

21. Governar é educar o sentimento para o Bem. Todavia, há dirigentes em todo o mundo que assim não o fazem. Realizam apenas política por política e/ou interesses unicamente pessoais. Um dia, porém, a Caridade, aliada à Justiça, dentro da Verdade, será um dos estatutos basilares das ciências sociais e do governo dos povos, a conduzir países, multidões, ou a própria criatura humana, como Cidadã do Espírito. Alziro Zarur ensinou que *"a pior desgraça humana é a ignorância da Lei Divina"*.

22. Qualquer país em crescimento precisa enfrentar, cara a cara (sem suprimir a sua gente!), os desafios de um mundo que se transforma em alta velocidade. Nenhuma nação surgiu pronta, nem mesmo as que hoje eventualmente comandam o planeta com punho de ferro. Os povos são grandes, seus dirigentes não podem ser mesquinhos, porquanto insensíveis.

23. A Caridade é o centro gravitacional da consciência ideológica, portanto, educacional, política, social, filosófica, científica, religiosa, artística, esportiva, doméstica e pública do Cidadão Espiritual, de modo que — se o Ser Humano não tiver compreensão dela — deve esforçar-se para entendê-la, a fim de que venha a subsistir em sua própria intimidade pessoal.

24. O ato de pensar é incentivado por Deus, de forma que cada um receba, com Amor e Justiça, de acordo com as suas próprias obras, **por intermédio das vidas sucessivas**. É por isso que Ele, **quando nos privilegiou com o livre-arbítrio, igualmente nos instruiu com o sentido de responsabilidade**, do qual, para nosso bem, não podemos abrir mão. **Pensar é fundamental, amar é divino**. Escreveu Salomão, Sábio Rei de Israel, em Provérbios, 1:7:

> — *O temor do Senhor é o princípio da ciência. Os loucos desprezam a sabedoria e a instrução.*

25. Outro raciocínio que merece apreço: **Reencarnação**

não é vingança odiosa de Deus, que é Amor, porém, sublime oportunidade que Ele nos concede para a remissão de nossas Almas. Significa, portanto, **tranquilidade para a consciência** que deseja libertar-se por força da Caridade Divina.

26. A Economia não pode ser o reino do egoísmo. Ora, ela existe para beneficiar a Terra e seus povos, compartilhando decentemente os bens de produção planetária. Se isso, porém, não ocorre, torna-se imprescindível uma mudança ético-espiritual de mentalidade, também pelo prisma do Mandamento Novo de Jesus, o Cristo Ecumênico, que ensina que nos devemos amar uns aos outros como Ele nos tem amado; porquanto, não há maior Amor do que doar a própria Vida pelos seus amigos (Evangelho segundo João, 13:34 e 15:13).

27. Caridade é **a comprovação do supremo poder da Alma** ao construir épocas melhores de vida (material e espiritual) para os países e seus povos, os Cidadãos do Espírito. Não há maior inspiração para a boa política do que ela. **Absurdo?! O tempo mostrará que não.** Aliás, já está manifestando isso. **Resta às multidões aprender em definitivo a enxergar essa realidade.** Então, com o passar das eras, o mundo **abandonará a doença** que, pelos milênios, lhe tem feito tanto mal: **a pouca atenção que dá ao poder do Amor Fraterno,**

"princípio básico do Ser, fator gerador de vida, que está em toda parte e é tudo".

28. Não podemos **eterna e preconceituosamente** ignorar a possibilidade de existir um Governo Espiritual (**ainda**) Invisível que — seguindo parâmetros cuja decifração **ainda** não alcançamos o significado completo — a tudo dirige, mesmo que respeitando o nosso livre-arbítrio, nem sempre bafejado pelo bom senso, diga-se de passagem.

29. A libertação da criatura está no conhecimento ecumenicamente espiritualizado. Tudo nasce do Mundo Invisível, **até mesmo a nossa existência corporal**. E essa certeza nos leva ao Ecumenismo das Almas, dos Corações, o qual une, sem fronteiras, os Seres Humanos da Terra e estes aos Espíritos que estão no Céu da Terra, na luta para socorrer os necessitados com o lenitivo material, para o corpo, e com o Amor Fraterno, para agasalhar o ente espiritual que os habita.

30. Não nos podemos ancorar apenas em nossos limitadíssimos cinco sentidos físicos. **Eles não são bastantes para nos fazer devidamente avançados**, pois a Cultura tem origem verdadeira no Mundo Espiritual. Quando soubermos estabelecer a perfeita sintonia Terra/Céu para merecer a ligação permanente Céu/Terra, receberemos de lá conhecimento crescente. **Antes de tudo, somos Espírito**.

31. Quando Jesus afirma: "*Na Casa de meu Pai **há muitas moradas**. Se assim não fosse, Eu vos teria dito, pois vou preparar-vos lugar*" (Evangelho segundo João, 14:2), convida também ao raciocínio de que **todas as crenças do mundo são, de certa forma, moradas de Deus para as criaturas, conforme a evolução e a sensibilidade de cada uma**. Bem a propósito estas palavras de Alziro Zarur, na Proclamação do Novo Mandamento de Jesus, que enfocaremos em *Toda a Humanidade é cristã*[*63], futura publicação da Academia Jesus, o Cristo Ecumênico: "*Há tantas religiões quantos são os graus de entendimento espiritual dos homens, conforme a soma de suas encarnações*". E assim, Zarur, firmado em sua Cruzada de Religiões Irmanadas, a tantos se antecipou ao pregar a Democracia Religiosa.

32. A Verdade não é jurisdição de pessoa alguma nem de qualquer facção humana.

33. Há tempos pondero sobre o fato de que existem pessoas que rebaixam as grandes ideias às contingências de suas capacidades de entendimento restrito. E aí reside a decadência de muitas aspirações elevadas, ou o retardamento doloroso de seu triunfo. A famosa expressão "*Natura non facit saltum*" [a Natureza não dá saltos], de Leibnitz (1646-

---

[*63] "Toda a Humanidade é cristã", escreveu Alziro Zarur (1914-1979). Contudo, que Cristianismo é esse de que tratará a "Academia Jesus, o Cristo Ecumênico"?

1716), continua válida. Pelo mesmo raciocínio, podemos concluir: *Humanitas non facit saltum* [a Humanidade não dá saltos]. O que não significa que não se avance, com firmeza, em direção ao Bem, apressando a passagem do tempo (Segunda Epístola de Pedro, 3:12), pois, como já lhes escrevi, **todas as vitórias estão decididamente ao nosso alcance pela força do nosso trabalho**.

34. Na entrevista que concedi ao veterano jornalista italiano, radicado no Brasil, Paulo Rappoccio Parisi, em 10 de outubro de 1981, *mutatis mutandis*, asseverei: Precisamos banhar o capitalismo com o espírito ético da Caridade, que provém de Deus, **para que a ânsia desenfreada pelo capital, ou seja, a corrupção, não fragilize, de tempos em tempos, a Democracia, com os resultados que conhecemos muito bem**. Do contrário, continuaremos a assistir, horrorizados, à negação do direito à liberdade, à vida, à saúde, ao estudo, ao emprego e à felicidade de multidões **que cometeram a ousadia de nascer**.

35. Ao me referir à Solidariedade Espiritual e Humana, quero reforçar que se trata de uma Estratégia Divina pedagógica a ensinar o Ser Humano e sua sociedade a viver fraternalmente irmanados. A outra face da questão é a perspectiva sinistra da guerra de todos os tipos, que é rejeitada pelo Cidadão do Espírito.

36. Conforme defendi na entrevista publicada pela *Folha de S.Paulo*, no Segundo Caderno, em 7 de novembro de 1982, na seção Exterior, quando tratávamos de presença da LBV na ONU: (...) **A Economia tem de ser vista e vivida sob o aspecto sublime da Solidariedade, que garanta a todos o acesso aos bens de produção: a Economia é a mais espiritual, no sentido mais amplo, das ciências (ou arte). E aqui estou falando de RELIGIÃO, com todas as letras maiúsculas, e não dos casos patológicos catalogados como se fora religião no passar da História.** Já ressaltei que a falência religiosa gerou o ateísmo. Religião é algo supinamente elevado, que nada tem a ver com os conflitos produzidos pelos homens.

37. A Solidariedade é a força executiva da Fraternidade, fundamento da Cidadania do Espírito. E isto faz parte da Estratégia da Sobrevivência, que há vários anos defendo.

38. A Caridade, aliada à Justiça, dentro da Verdade, é o combustível das transformações profundas. Sua ação é sutil, mas eficaz. **A Caridade é Deus.**

39. Swâmi Vivekananda[*64] (1863-1902), "embaixador espiritual da Índia", monge, iogue e filósofo hindu, a respeito do Princípio da Tolerância, declarou, no Parlamento das

---

[*64] Leia resumo biográfico na página 203.

Religiões, realizado em Chicago, em 1893: "*(...) santidade, pureza e caridade não são posse exclusiva de nenhuma igreja no mundo; todo sistema produziu homens e mulheres de caráter elevado. Em face desta certeza, se alguém sonha com a sobrevivência exclusiva da sua própria fé e a ruína das outras, tenho pena dele do fundo de minha alma. (...) Sobre a bandeira de toda religião, será escrito brevemente: (...) 'Ajuda e não Luta', 'Assimilação e não Destruição', 'Harmonia e Paz, e não Contenda'*".

40. É necessário compreendamos e ensinemos nas nossas escolas que **a Democracia é o regime da responsabilidade**. Seres Humanos idôneos conservam e fazem crescer o regime democrático. Torna-se imprescindível, então, formar relações de entendimento entre as criaturas terrenas, conscientes de seus compromissos morais e espirituais, portanto, de respeito uns aos outros, não somente por palavras, mas por atos, atos e atos. Contudo, é preciso ter em mente o ensinamento de Alziro Zarur: "***Perdoar é transferir a Deus o julgamento. Mas Deus não impede os bons de se defenderem dos maus***".

41. Amor, Harmonia, Solidariedade, espírito de Justiça aliado à Bondade, jamais à vingança; Liberdade com respeito aos demais Entes Humanos; Verdade sem fanatismo social, político, filosófico, religioso ou científico; auxílio aos que sofrem, no corpo ou na alma; Política e Economia, acompanhadas pelas virtudes da Correção e da Generosidade; Instrução, Educação, Reeducação, consoante a Fraternidade Ecumênica; portanto, tudo aquilo que na Paz torna forte a criatura, na Terra e no Mundo Invisível, que não é uma abstração, forma o conclusivo conceito de ideologia para o Cidadão do Espírito: **Caridade**, ou seja, o ar moral que, como seres realmente civilizados, devemos respirar.

42. Disse Jesus: "*Novo Mandamento vos dou: Amai-vos como Eu vos amei. Somente assim podereis ser reconhecidos como meus discípulos. Ninguém tem maior Amor do que este: doar a própria vida pelos seus amigos*" (Evangelho segundo João, 13:34 e 35 e 15:13). Sem Amor **(que é sinônimo de Caridade)**, sem Verdade e sem Justiça nunca haverá Paz. Alziro Zarur, num momento de grande inspiração, com toda a força de sua Alma, assim definiu o Mandamento Novo de Jesus: "*1º — O Novo Mandamento de Jesus é **a Essência de Deus**; 2º — O Novo Mandamento de Jesus é **a salvação da Humanidade***". Bela assertiva do grande Proclamador da Religião de Deus, a Religião do Amor Universal, Religião do Terceiro Milênio. Eis, pois, em resumo a ação da Política Divina, que pregamos para o erguimento de um Brasil melhor e de uma Humanidade mais feliz.

Arquivo Elevação

ESTADOS UNIDOS

Arquivo Elevação

PORTUGAL

ALA DOS ESTUDANTES

André Fernandes

Localizada no ParlaMundi da LBV, proporciona não só aos estudantes, mas ao público em geral, por meio de um ambiente acolhedor, espaço para reflexão, estudo e pesquisa, com acesso à internet, biblioteca, videoteca e minigibiteca. Criado por Paiva Netto, o local recebe anualmente mais de 100 mil estudantes. Para combater o ar seco de Brasília/DF, o dirigente da LBV fez colocar, no concorrido espaço, uma fonte que umidifica o ambiente.

Volta Redonda/RJ

NOTAS

NOTAS

*2 **Aristóteles** (384-322 a.C.) — Filho de Nicômaco (médico de Amintas, rei da Macedônia), nasceu em Estagira, colônia grega da Trácia, no litoral setentrional do mar Egeu. Teve como mestre Platão, com o qual estudou por vinte anos. Fundou, em Atenas, sua própria escola, chamada Liceu. Foi o responsável por sistematizar e organizar a história da filosofia helênica e pode ser considerado o criador da lógica. Em 343 a.C., foi convidado pelo rei Filipe da Macedônia para sua corte. Tornou-se preceptor do príncipe Alexandre, então um jovem de 13 anos. Isolando-se gradativamente da vida social e política, dedicou-se à investigação científica.

*3 **Alziro Zarur** (1914-1979) — Nascido na cidade do Rio de Janeiro/RJ, Brasil, no Natal de Jesus de 1914. Jornalista, radialista, escritor e poeta, fundou a Legião da Boa Vontade (LBV), em 1º de janeiro de 1950, e brilhantemente presidiu-a até a sua passagem para o Plano Espiritual, em 21 de outubro de 1979, sendo sucedido por José Simões de Paiva Netto. Polêmico e carismático, de forma popular e inovadora era pregador entusiasta do Evangelho e do Apocalipse de Jesus, **mas não *"ao pé da letra que mata"*** (Segunda Epístola de Paulo aos Coríntios, 3:6), contudo, em Espírito e Verdade à luz do Novo Mandamento do Cristo Ecumênico (ver página 9 desta publicação). Zarur foi também o grande Proclamador do Ecumenismo Irrestrito no mundo, tese que já sustentava desde a sua adolescência, quando lançou os fundamentos da Cruzada de Religiões Irmanadas, uma antecipação do relacionamento inter-religioso. Criou, em 1965, o Partido da Boa Vontade (PBV), dando início à Política de Deus. Proclamou, em 7 de outubro de 1973, em Maringá, Estado do Paraná, Brasil, a Religião de Deus, Religião do Amor Universal, Religião do Terceiro Milênio, que definiu assim: ***"A Religião do Terceiro Milênio, a Religião de Deus, do Cristo e do Espírito Santo, é mais que toda a Religião: é toda a Ciência, é toda a Filosofia, é***

toda a Política e toda a Moral, todo o progresso humano, unido ao progresso de todos os mundos, de todas as Humanidades Siderais — o Amor Universal na apoteose ao Criador Onipotente, Onisciente e Onipresente, o nosso Deus, o nosso Pai!". Paiva Netto fez colocar essa magnífica definição de Alziro Zarur em um belíssimo painel em mármore com letras em bronze, na concorrida Galeria de Arte do Templo da Boa Vontade, em Brasília/DF, Brasil. O conceito foi traduzido para diversos idiomas. Esse monumento, o mais visitado do país, foi erguido e fundado por Paiva Netto, sucessor de Alziro Zarur, em 21 de outubro de 1989. Zarur proclamou o Novo Mandamento de Jesus, que se encontrava praticamente esquecido na Bíblia Sagrada, demonstrando, entre outras coisas, o seu Sentido Prático e o seu Sentido Oculto.

*[4] **Mahatma Gandhi** (1869-1948) — Mohandas Karamchand Gandhi é o nome completo do líder indiano. O Mahatma, que significa "grande alma", ficou conhecido por sua liderança pacifista e é, com certeza, a personalidade principal da independência da Índia. Em 1891, formou-se em Direito na Inglaterra e voltou à Índia, onde exerceu a profissão. Dois anos depois, iniciou um movimento na África do Sul — àquela altura colônia britânica —, no qual objetivava lutar contra o racismo e pelos direitos dos hindus. Em 1914, voltou a seu país e difundiu seu movimento, cujo método preponderante era a resistência passiva, pregando a não violência como forma de luta. Em 1922, foi detido após organizar uma greve contra o aumento de impostos, sendo condenado a seis anos de detenção. Porém, foi libertado em 1924. Em 1930, liderou a marcha para o mar, uma caminhada de 320 quilômetros para protestar contra os preços dos tributos britânicos e a proibição aos indianos de fabricar sal. Por isso, sua iniciativa tornou-se famosa sob o nome de "a Marcha do Sal". Em 1931, reivindicou a liberdade de seu país na II Conferência da Mesa-Redonda, em Londres. De volta à Índia, em dezembro do mesmo ano, após reiniciar sua campanha de libertação, foi novamente preso. Finalmente, em 1947, foi proclamada a independência da Índia. Gandhi trabalhou também para evitar o embate entre muçulmanos e hindus, que estabeleceram um Estado sepa-

rado, o Paquistão, dividido em duas frações, uma das quais, anos depois, se tornou Bangladesh. Acusado pela divisão territorial da Índia, atraiu o ódio dos nacionalistas hindus. Um deles o assassina a tiros no ano seguinte, quando Gandhi tinha 78 anos. Na época, foi cremado, e mais de um milhão de indianos compareceram ao seu funeral. Parte de suas cinzas foi jogada nas águas sagradas do rio Jumna. Passados 49 anos de sua morte, outra parte de suas cinzas foi lançada, numa cerimônia especial, no rio Ganges, na cidade de Allahabad, local sagrado para os hinduístas.

*5 **Albert Einstein** (1879-1955) — Físico judeu-alemão, um dos maiores gênios científicos de todos os tempos. Em 1900, formou-se na Escola Politécnica de Zurique, Suíça, e adotou nacionalidade desse país. Após seu casamento, em 1902, começou a atuar no Departamento de Patentes de Berna. Três anos depois, formulou a Teoria da Relatividade Restrita e passou a publicar artigos sobre Física teórica. Mais tarde, anunciou a Teoria Geral da Relatividade, que apresentou uma nova visão dos fenômenos gravitacionais. Em 1921, recebeu o Prêmio Nobel de Física. Com a chegada de Hitler (1889-1945) ao poder, foi obrigado a fugir da Alemanha, indo, em 1933, para os Estados Unidos, onde ganhou cidadania norte-americana, em 1940. Suas teorias permitiram a construção da primeira bomba atômica. Após as explosões no Japão, no fim da Segunda Guerra Mundial (1939-1945), defendeu a fiscalização do uso da energia atômica e lutou pelo pacifismo.

*6 **Emmanuel** — Guia espiritual do saudoso médium brasileiro Francisco Cândido Xavier (1910-2002). Acompanhou-o desde as primeiras manifestações mediúnicas. Emmanuel, por intermédio desse famoso sensitivo, é autor de obras importantes, a exemplo de *Há 2000 Anos* e *50 Anos Depois*, ambas transformadas em radionovela por determinação de Paiva Netto, alcançando grande audiência na Super Rede Boa Vontade de Rádio, e posteriormente lançadas em CDs, pela Editora Elevação, em parceria com a FEB, como também ocorreu com as obras *Nosso Lar* e *Sexo e Destino* (do Espírito André Luiz), obtendo igual sucesso.

*[8] **Francisco Cândido Xavier** (1910-2002) — Considerado um dos maiores médiuns do Brasil, psicografou mais de 400 livros com mensagens do Mundo Espiritual. Grande amigo da Legião da Boa Vontade (LBV), foi homenageado com a Comenda da Ordem do Mérito da Fraternidade Ecumênica, do ParlaMundi da LBV — edição 1997, na categoria *Religião*. Chico Xavier é Legionário da Boa Vontade, inscrição nº 15.353, de 3 de julho de 1956, cujo documento foi assinado em Pedro Leopoldo/MG. Faleceu aos 92 anos, na cidade de Uberaba/MG, em 30 de junho de 2002. Naquele dia, o Brasil tornava-se pentacampeão da Copa do Mundo de Futebol.

*[9] **Apparício Torelly** (1895-1971) — Jornalista, escritor e pioneiro no humorismo político brasileiro. Também conhecido por Apporelly e por Barão de Itararé, título de nobreza que o espirituoso profissional concedeu a si mesmo. Nasceu em Rio Grande, no interior do Estado do Rio Grande do Sul. Cursou medicina, sem chegar a concluir o curso. Já era conhecido quando se mudou, em 1925, para o Rio de Janeiro/RJ. Escreveu para vários jornais e suas colunas lhe renderam muita popularidade. Certa vez, Paiva Netto testemunhou visita de Torelly a Alziro Zarur na antiga Rádio Mundial, à época uma Emissora da Boa Vontade. Na ocasião, o Barão de Itararé virou-se para o fundador da LBV e disse: *"A Legião da Boa Vontade é a demonstração inequívoca da capacidade realizadora do povo brasileiro"*.

*[10] **Carl Sagan** (1934-1996) — Cientista, astrônomo, astrofísico, cosmólogo e escritor norte-americano. Foi consultor e conselheiro da NASA, exercendo papel significativo no programa espacial americano, trabalhou com os astronautas do Projeto Apollo e contribuiu para outras importantes missões espaciais.

*[11] **Voltaire** (1694-1778) — Filósofo, escritor e poeta iluminista francês, cujo nome de batismo era François Marie Arouet. Nascido em Paris, tornou-se símbolo da liberdade de pensamento. Aliás, seu espírito de contestação valeu-lhe a prisão na Bastilha, onde passou 11 meses (de 1717 a 1718), adotando, a partir dessa ocasião, o pseudônimo de

Voltaire. Foi defensor da justiça e autor de inúmeros livros, dentre os quais se destacam *O Século de Luís XIV (1751), Dicionário Filosófico* (1764) e *Cândido* (1759), tido como sua obra-prima.

*[14] **Confúcio** (551-479 a.C.) — Seu nome verdadeiro era K'ung Fu-tsé. Nasceu em Tsu, Estado de Lu, hoje Shantung (China). A renascença social e moral advogada por Confúcio é a de que uma sociedade humana deve ser regida por um movimento educativo, o qual parte de cima e equivale ao amor paterno, e por outro, de reverência, que parte de baixo, como a obediência de um filho.

*[15] **Allan Kardec** (1804-1869) — Nome com que ficou conhecido Hippolyte Léon-Denizard Rivail. Nascido na França, foi um dos discípulos mais eminentes do famoso educador Johann Heinrich Pestalozzi (1746-1827). Por volta de 1855, Kardec entregou-se à observação criteriosa dos fenômenos espirituais que sacudiram o mundo ocidental, tornando-se, mais tarde, conhecido como "O Codificador do Espiritismo". Suas mais destacadas obras são: *O Livro dos Espíritos, O Livro dos Médiuns, O Evangelho segundo o Espiritismo, O Céu e o Inferno* e *A Gênese,* tidas como Pentateuco Kardequiano. Também possui destaque *Obras Póstumas.* Foi chamado por Camille Flammarion (1842-1925), na cerimônia de enterro do seu corpo, em Paris, em abril de 1869: *O bom senso encarnado.*

*[16] **João Paulo II** (1920-2005) — O primeiro papa não italiano desde 1523. Karol Wojtyla nasceu no dia 18 de maio de 1920 em Wadowice, Polônia. Foi ordenado sacerdote em 1946 e se doutorou em Teologia na Universidade Pontifícia de Roma, em 1948. Foi eleito papa em 16 de outubro de 1978, sucedendo a João Paulo I, que governou a Igreja Católica Apostólica Romana no curto período de 33 dias. Wojtyla adotou, então, o nome João Paulo II. Em 13 de maio de 1981, foi gravemente atingido por um tiro durante uma tentativa de assassinato, quando percorria de carro a Praça de São Pedro, no Vaticano. João Paulo II publicou livros de poesia e, sob o pseudônimo Andrzej

Jawien, escreveu uma peça de teatro, "A Loja do Ourives" (1960). Os seus escritos éticos e teológicos incluem *Amor Frutuoso e Responsável* e *Sinal de Contradição*, ambos publicados em 1979. Conhecido como "O Papa Peregrino", por suas muitas viagens missionárias, contribuiu sensivelmente para a busca da Paz em todo o mundo. João Paulo II faleceu em 2 de abril de 2005, depois de 27 anos de pontificado. Foi sucedido pelo cardeal alemão Joseph Ratzinger, que escolheu o nome Bento XVI.

*[19] **Maomé** (570-632) — O Profeta do Islã — *"Que a paz e a bênção de Deus estejam sobre ele"* — nasceu em Meca, Arábia Saudita. Em suas múltiplas viagens teve conversas com persas, judeus e cristãos. Casou com uma viúva rica chamada Khadija, prima de um cristão. A partir de 610, passou a ter visões, avisando-o de que estaria destinado a estabelecer o Islã, isto é, a submissão a um só Deus. Perseguido, foi convidado a fazer da cidade de Yathrib, localizada ao norte de Meca, a sede de seu apostolado. Começou, assim, a migração (Hégira) gradativa dos adeptos da nova religião. O deslocamento terminou em 25 de setembro de 622, data que se tornou o ponto inicial da cronologia maometana. Maomé, cujo nome significa "louvadíssimo", morreu em Medina, também na atual Arábia Saudita.

*[20] **John Fitzgerald Kennedy** (1917-1963) — Primeiro presidente católico dos Estados Unidos. Graduando-se em Harvard, em 1940, alistou-se na Marinha. Em 1943, quando seu barco foi cercado e afundado por um destróier japonês, conduziu de maneira segura, apesar dos ferimentos graves, os sobreviventes pelas águas turbulentas. De volta da guerra, tornou-se congressista do Partido Democrático, chegando ao Senado em 1953. Em 1955, escreveu *Profiles in Courage*, com que foi agraciado com o Prêmio Pulitzer de História. Foi assassinado, na presença de sua esposa, Jacqueline (1929-1994), em Dallas, Texas, em 22 de novembro de 1963 — ainda não se sabe exatamente por quem —, enquanto desfilava, em carro aberto, ante a multidão, que o aplaudia.

*[21] **Oswaldo Euclides de Sousa Aranha** (1894-1960) — Nasceu em Alegrete/RS, em 15 de fevereiro de 1894, filho do coronel Euclides de

Sousa Aranha e de Luísa de Freitas Vale Aranha, proprietários da estância Alto Uruguai, no município gaúcho de Itaqui. Segundo entre os 11 filhos do casal, descendia diretamente, pelo lado paterno, de Maria Luzia de Sousa Aranha, baronesa de Campinas (da região paulista que hoje corresponde à cidade do mesmo nome). Seu pai, paulista de nascimento, exercia a chefia do Partido Republicano Rio-Grandense (PRR) em Itaqui. Após concluir o ensino secundário, fez amizade com Virgílio de Melo Franco, que alcançaria projeção política com a Revolução de 1930, e com Rubens Antunes Maciel, que o apresentaria a Luís Carlos Prestes, revolucionário de 1924 e, mais tarde, líder comunista. Frequentou a Faculdade de Direito. Em princípios de 1917, instalou sua banca de advogado em Uruguaiana. Pouco depois, casou-se com Delminda Benvinda Gudolle, com quem teve quatro filhos: Euclides, Osvaldo, Delminda e Luísa. Entre 1917 e 1923, dedicou-se quase exclusivamente à advocacia, obtendo em pouco tempo alto conceito profissional. Já em meados de 1917, o também advogado Getúlio Vargas, que se formara em 1907, fazia-lhe consultas sobre temas jurídicos. Aranha foi um dos principais articuladores da Revolução de 1930. Após o golpe, tornou-se ministro da Justiça do Governo Provisório e da Fazenda. Foi embaixador em Washington, entre 1933 e 1937, e ministro das Relações Exteriores, em 1938. Já em 1947, teve participação destacada na Organização das Nações Unidas (ONU) para a criação do Estado de Israel. Em 1953, a convite de Getúlio Vargas, voltou ao Ministério da Fazenda, onde criou o "Plano Aranha", essencialmente anti-inflacionário. Depois do suicídio de Vargas, em agosto de 1954, afastou-se da vida pública, retornando a seu escritório de advocacia. Em 1957, Aranha foi convidado a integrar a delegação brasileira na ONU, sendo nomeado, a 6 de setembro, chefe da delegação brasileira na XII Assembleia-Geral das Nações Unidas. Em 1960, concorreria à vice-presidência da República na chapa encabeçada pelo general Henrique Teixeira Lott, o que não ocorreu, em consequência de seu falecimento, em 27 de janeiro de 1960.

*22 **Buda** (563-483 a.C.) — Seu nome verdadeiro era Siddharta Gautama. Nasceu na região do Himalaia, em território atualmente do Nepal.

Mantido por seu pai, o rei Suddhodana, Buda (o desperto, o iluminado) teve uma vida luxuosa, a qual foi abandonada depois que ele deparou com a miséria e a pobreza quando andava pelos arredores do palácio. Daí em diante, passou a dedicar-se aos assuntos espirituais. No século VI a.C., fundou o Budismo, religião que professa a crença na transmigração das Almas.

*[23] **Cícero** (106-43 a.C.) — Marcus Tullius Cicero era seu nome completo. Orador e político romano, tornou famoso seu eloquente repúdio a Catilina (Lucius Sergius Catilina) (108-62 a.C.), quando este, ousadamente, compareceu ao Senado romano depois de descoberta sua conspiração contra a República: *"Quousque tandem abutere, Catilina, patientia nostra?"* (Até quando, Catilina, abusarás de nossa paciência?). Publicou, além de tratados de retórica, obras de filosofia.

*[28] **Simone de Beauvoir** (1908-1986) — Escritora, filósofa existencialista e feminista francesa. Nasceu em Paris. Apelidada de "Castor" por seus colegas da academia, por conta de seu espírito construtor e pela semelhança entre as palavras Beauvoir e *beaver* ("castor", em inglês), foi a mais jovem estudante aprovada nos rigorosos exames da Faculdade de Filosofia da Universidade de Sorbonne, o *agrégation*. Trabalhou ao lado de existencialistas famosos como Jean-Paul Sartre, seu companheiro ao longo da vida, Albert Camus e Maurice Merleau-Ponty. Em sua vida boêmia, não sujeita às convenções, era comum vê-la nos cafés parisienses com intelectuais, romancistas, poetas, pintores, atrizes, atores e diretores de cinema. Por exemplo: Raymond Aron, Pablo Picasso, Pierre Brasseur e Jean Cocteau. Em sua vasta obra, abordou temas como ética, feminismo, filosofia e política.

*[29] **Anatole France** (1844-1924) — Nascido em Paris, França, é considerado um dos maiores escritores da História universal. Foi eleito, em 1896, membro da Academia Francesa. Suas obras são marcadas por um sutil humorismo, uma refinada ironia, um estilo clássico e de fácil escrita. Anatole esteve envolvido no famoso caso Dreyfus, encontran-

do, nessa passagem, material para sua *História Contemporânea*, um de seus grandes sucessos. Criou também o conhecido M. Bergeret, personagem central de diversos livros seus. Em 1921, recebeu o Prêmio Nobel de Literatura.

*32 **Padre João de Brito** (1647-1693) — Um dos maiores ícones da história religiosa portuguesa. Por seu abnegado missionarismo pelo Oriente, é tido como o último seguidor português dos grandes apóstolos do século 16, o "segundo (Francisco) Xavier (1506-1552), o missionário jesuíta conhecido como o Apóstolo das Índias". Nascido em Lisboa, João de Brito viajou para a Índia com o objetivo de pregar o Evangelho da salvação aos mais pobres e desprotegidos. Lá, sofreu perseguições e, por fim, o martírio. Esteve no Brasil. Célebre por sua vida de santidade, constância e firmeza, o lisboeta foi canonizado, em 1947, pelo papa Pio XII.

*33 **Yogui Ramacharaka** (1862-1932) — Pseudônimo de William Walker Atkinson, nascido em Baltimore, EUA, em dezembro de 1862, filho de William C. Atkinson e Emma L. Mittnacht. Em 1889, com quase 27 anos, casou-se com Margaret Foster Black, com quem teve dois filhos. Em 1896, depois de uma profunda crise pessoal, aproximou-se da escola do Novo Pensamento, que preconizava a obtenção da saúde, do bem-estar e da felicidade por meio do controle, da confiança e da expectativa no encontro com o princípio divino positivo e benevolente. Sua carreira de escritor teve início graças a dois editores do Novo Pensamento: Sydney Flower e Elizabeth Towne, que publicaram seus escritos por longos anos. Atkinson acabou por abrir sua própria escola: a Atkinson School of Mental Science (Escola Atkinson de Ciência Mental). Usualmente, empregava pseudônimos para escrever seus livros. O mais famoso foi Ramacharaka, que utilizou, de 1900 a 1912, para publicar obras sobre o Hinduísmo, ainda hoje de grande atualidade e importância. Na maior parte dos escritos sob esse pseudônimo, evidenciou, entre outros, o tema da insistente necessidade de o homem apropriar-se do corpo e da saúde antes de poder proceder em direção a um nível de consciência mais elevado. Posteriormente, transferiu-se para a Califórnia, passando a assinar outros títulos com seu próprio nome. Morreu em Los Angeles, em 22 de novembro de 1932.

*[36] **Abraão Lincoln** (1809-1865) — Lembrado como o abolicionista da escravatura negra em seu país, Lincoln é considerado um dos baluartes da moderna Democracia e uma das maiores figuras da história norte-americana. Em 1860, disputou as eleições para a presidência da República, tornando-se o 16º presidente dos Estados Unidos da América. Ao iniciar seu governo, em 1861, enfrentou a separação de sete Estados escravistas do Sul, que formaram os Estados Confederados da América. O velho Abe, entretanto, não reconheceu essa separação, ratificou a soberania nacional sobre as unidades rebeldes e, exortando--as à conciliação, garantiu-lhes que jamais partiria dele uma ofensiva armada. Contudo, os separatistas tomaram o forte Sumter, na Virgínia Ocidental, levando o país à histórica Guerra da Secessão. Os confederados renderam-se em 9 de abril de 1865, em Appomattox. Na noite de 14 de abril de 1865, uma Sexta-Feira Santa, o ator John Wilkes Booth (1839-1865), defensor da escravatura negra e com forte ligação com os confederados, membro de uma famosa família de atores, assassinou Lincoln, no Teatro Ford, em Washington.

*[37] **José Bonifácio** (1763-1838) — Conhecido como o Patriarca da Independência, exerceu um papel fundamental nos preparativos e na consolidação da Independência do Brasil. Nasceu em Santos/SP, Brasil, em 13 de junho de 1763. Sua família era uma das mais ricas e importantes da cidade. Aos 21 anos, partiu para estudar na Universidade de Coimbra, Portugal, onde se especializou em Mineralogia. Já em 1822, quando ocupava o cargo de ministro de D. Pedro I, era chamado por seus partidários de "Pai da Pátria", "Timoneiro da Independência", "o Patriarca". Em vários jornais e publicações da época, era reconhecido como um dos primeiros a protestar contra a política recolonizadora das Cortes, além de um dos líderes da campanha pela permanência do príncipe no Brasil. Faleceu em Niterói, em 6 de março de 1838.

*[41] **Martin Luther King Jr.** (1929-1968) — Nasceu em Atlanta, na Geórgia, e formou-se em Teologia, na Universidade de Boston. Sua filosofia de não violência baseou-se nos princípios cristãos e no trabalho de Gandhi. Ampliou o espaço da comunidade negra em seu país. Em Washington, dirigiu uma marcha com 250 mil pessoas e proferiu histórico discurso sobre seu sonho de ver brancos e negros confraternizarem. Essa marcha apressou a aprovação, pelo governo Lyndon Johnson (1908-1973), da Lei dos Direitos Civis (1964) e da Lei dos Direitos de Voto (1965). Em 1968, Luther King recebeu o Prêmio Nobel da Paz.

*[46] **Shakespeare** (1564-1616) — Um dos maiores poetas da literatura universal, William Shakespeare nasceu em Stratford-upon-Avon, Inglaterra. É até hoje alvo de estudo e inspiração a roteiristas de cinema e autores de peças de teatro. Exemplo disso são as tragédias *Coriolano, Romeu e Julieta, Júlio César, Macbeth, Hamlet, Rei Lear, Otelo, Antônio e Cleópatra* e *Cimbelino.*

*[47] **Ibrahim Sued** (1924-1995) — É considerado o pioneiro do colunismo social no Brasil. Alguns anos depois de se lançar no jornalismo impresso, ampliou sua coluna, passando a focalizar assuntos de interesse nacional e internacional. A entrevista com o diretor-presidente da LBV foi a última grande reportagem do gênero realizada pelo jornalista, em sua longa e vitoriosa carreira. Além de Paiva Netto, Ibrahim Sued entrevistou, entre outras importantes figuras, o presidente norte-americano John Fitzgerald Kennedy (1917-1963), o marechal e presidente do Brasil Arthur da Costa e Silva (1902-1969), o escritor Jorge Amado (1912-2001), o papa Paulo VI (1897-1978) e a *socialite* Tereza de Souza Campos, viúva do príncipe Dom João de Orleans e Bragança (1916-2005). Entrevistou também, na inauguração da cidade de Brasília, o presidente brasileiro Juscelino Kubitschek (1912-1976).

*[48] **Dr. André Luiz** — Pseudônimo de ilustre médico que, depois de ter cumprido destacado papel na sociedade brasileira, de-

sencarnou e, posteriormente, pelo médium psicógrafo Francisco Cândido Xavier (1910-2002), compôs muitas obras literárias sobre os aspectos da vida no Mundo Espiritual.

*49 **Moisés** — Líder e libertador do povo hebreu, é o autor dos cinco primeiros livros da Bíblia Sagrada: Gênesis, Êxodo, Levítico, Números e Deuteronômio, que constituem o chamado Pentateuco Mosaico, ou *Torá* (Lei), para os judeus. Às vezes o termo *Torá* é usado num sentido mais abrangente, que inclui as leis suplementares transmitidas de forma oral de geração em geração até o fim do século II da Era Comum, quando foram codificadas e compiladas. A essa coleção deu-se o nome de *Mishná*.

*51 **Charles Darwin** (1809-1882) — Naturalista inglês, aos 22 anos embarcou a bordo do Beagle para uma viagem exploratória em circum-navegação por cinco anos (1831-1836). Dos registros dessa viagem, colhidos principalmente durante as visitas às ilhas Galápagos e às terras da América do Sul, originou-se, entre outras, sua obra-prima: *Da origem das espécies através da seleção natural* (1859), que contém sua teoria explicativa da evolução biológica dos seres. Suas hipóteses evolucionistas obtiveram estrondoso sucesso, como também suscitaram, e suscitam até hoje, violentas controvérsias. Publicou trabalhos de grande influência em vários domínios das ciências naturais.

*52 **Dom Bosco** (1815-1888) — João Melchior Bosco nasceu em 16 de agosto de 1815, em Becchi, perto de Turim, norte da Itália. Ficou órfão de pai aos 2 anos de idade e foi criado por Margarida, sua mãe. Em 5 de junho de 1841, foi ordenado sacerdote em meio à Revolução Industrial. Logo iniciou sua obra de educação de crianças. Dedicou-se aos jovens abandonados da cidade de Turim, que ele considerava "produtos da era da industrialização", a qual então começava. Iniciou sua obra e, nos anos seguintes, fundou a Congregação Salesiana, o Instituto das Filhas de Maria Auxiliadora e os Cooperadores Salesianos. Construiu, em Turim, a Basílica de Nossa Senhora Auxiliadora. Inaugurou 59 casas salesianas em seis países e abriu as missões na América Latina. Publicou as *Leituras Católicas* para o povo mais simples. Desenvolveu o modo evangélico de educar por meio da Razão, da Religião e do Carinho, que se registrou na história como referencial pedagógico, denominado sistema preventivo. Em uma passagem bastante conhecida de sua vida, conta-se que Dom Bosco, em 30 de agosto de 1883, sonhara com a criação da capital brasileira, Brasília, que seria construída exatamente entre os paralelos de 15º e 20º, tornando-se uma terra abençoada. Morreu em 31 de janeiro de 1888. Foi beatificado em 1929 e canonizado por Pio XI, em 1934.

*53 **Victor Hugo** (1802-1885) — Poeta, romancista, teatrólogo e político francês, escreveu uma obra grandiosa e variada, sendo o porta-voz, na poesia, do Romantismo em seu país. Quando a Revolução de 1848 foi deflagrada, Victor entusiasma-se com os ideais inovadores das camadas mais pobres. Eleito deputado, transforma-se em um dos mais eloquentes opositores de Luís Napoleão. Quando Napoleão, o Pequeno, se torna imperador, é obrigado a exilar-se. Nessa época, escreveu *A Lenda dos Séculos* (1859-1883) e o romance *Os Miseráveis* (1862).

*54 **Adolfo Bezerra de Menezes Cavalcanti** — Personalidade ímpar na história da Monarquia e no início da República no Brasil, além de abolicionista inflamado, foi também líder do Partido Liberal e Presidente da Câmara Municipal da Corte no Rio de Janeiro, cargo equivalente ao de prefeito nos dias atuais. Médico por formação, foi destacado Presidente da Federação Espírita Brasileira (FEB). É também conhecido como "O Kardec brasileiro". Por sua dedicação aos menos favorecidos, era carinhosamente chamado de Médico dos Pobres. Atualmente é um dos mais importantes colaboradores na Revolução Mundial dos Espíritos, anunciada pelo saudoso Alziro Zarur, fundador da LBV, em 1953, no *Jornal de Umbanda*. Ao título, criado por Zarur, Paiva Netto acrescentou "de Deus", pois essa Revolução surgiu para divinamente iluminar o Ser Humano e seu Espírito eterno.

*[55] **Chico Periotto** — Sensitivo Legionário, jornalista e membro da Associação Brasileira de Imprensa (ABI). É também diretor e editor-responsável da revista BOA VONTADE, publicação da Editora Elevação.

*[56] **William James** (1842-1910) — Nascido em Nova York, Estados Unidos, este filósofo e reitor da Universidade de Harvard se formou em Medicina na Lawrence Scientific School, na mesma instituição de ensino. Acompanhou Louis Agassiz (1807-1873), zoólogo suíço, em sua expedição ao Amazonas, seguindo para a Alemanha a fim de aperfeiçoar seus conhecimentos médicos. Sua primeira grande obra data de 1890: *Princípios de Psicologia.* Em 1898, na Universidade da Califórnia, formulou a teoria do pragmatismo. Publicou ainda o livro *Études et Réflexions d'un Psychiste*, no qual afirma que, na Inglaterra, um entre dez adultos vê Espíritos.

*[58] **Lao-tsé** — Famoso filósofo chinês, fundador do taoísmo. As referências mais conhecidas informam que viveu por volta do século VII a.C., entretanto muitos historiadores situam sua vida no século IV a.C. O cânon religioso taoísta o situa quase mil anos antes. Segundo ele, foi convidado pelo rei Wen para chefiar a biblioteca real, sendo também arquivista, historiador e astrólogo na corte da dinastia Chou. Após ditar o *Tao Te Ching,* o filósofo partiu, não havendo mais registros sobre a sua vida.

*[59] **José do Patrocínio** — Farmacêutico, jornalista, orador, poeta e romancista. Nasceu em Campos/RJ, em 9 de outubro de 1853, e faleceu no Rio de Janeiro/RJ, em 29 de janeiro de 1905. Participou das sessões preparatórias da instalação da Academia Brasileira de Letras, tendo sido fundador da Cadeira nº 21, cujo patrono é Joaquim Serra. Foi uma das mais destacadas figuras das campanhas abolicionista e republicana.

*[61] **Austregésilo de Athayde** (1898-1993) — Jornalista e escritor brasileiro, foi eleito Presidente da ABL, em 1959, dirigindo-a até seu falecimento. Foi também Presidente de Honra do Conselho de Construção do Parlamento Mundial da Fraternidade Ecumênica, o ParlaMundi, da LBV.

O "Baluarte das Artes Nacionais", como também era conhecido, chegou a enviar a Paiva Netto, o construtor do Templo da Boa Vontade (TBV) e do ParlaMundi, missiva em que se confessava lisonjeado com o convite que lhe fora remetido para associar-se ao Conselho do novo fórum: *"Com responsabilidade de coautor da Declaração Universal dos Direitos Humanos, apraz-me fazer parte desse egrégio Conselho. O Parlamento Ecumênico é algo que corresponde muito aos meus próprios ideais de servir à Humanidade (...)".* O saudoso Presidente da ABL já desejava o surgimento desse intercâmbio, como se lê no bilhete endereçado ao autor desta obra, em 20 de maio de 1992: *"Ao jornalista e amigo Paiva Netto: Muito apreciaria se o prezado patrício e amigo viesse, numa dessas quintas-feiras à sua escolha, tomar chá na Academia Brasileira de Letras. Assistindo a uma sessão da nossa entidade e expondo-lhe os objetivos de sua organização, criaríamos entre as duas instituições laços de cooperação de recíproca utilidade. Com um abraço afetuoso, Austregésilo de Athayde".* Após seu falecimento, o também inesquecível Barbosa Lima Sobrinho (1897-2000), Presidente da Associação Brasileira de Imprensa (ABI), assumiu a presidência honorífica do Conselho. *"Manifesto a disposição de aceitar o convite que me foi feito para fazer parte do Conselho de Honra do Parlamento Mundial da Fraternidade Ecumênica (...). Não posso deixar de aprovar qualquer movimento de Caridade, sobretudo quando tem a presença de Paiva Netto (...)"*, escreveu. O ParlaMundi, hoje, é uma realidade e celebra, com prazer, a memória dessas duas grandes figuras brasileiras, a exemplo do Auditório Austregésilo de Athayde, que funciona no pavimento térreo do local.

*[64] **Swâmi Vivekananda** (1863-1902) — Monge, iogue e filósofo hindu. Conhecido em sua vida pré-monástica como Narendra Nath Datta. Nasceu em Calcutá, na Índia. Foi o principal discípulo do místico Sri Ramakrishna Paramahamsa. É considerado um dos mais influentes líderes espirituais do hinduísmo moderno e o principal propagador da filosofia hindu de Vedanta e Yoga no Ocidente.

Vinícius Ramão

Curitiba/PR

Preces ecumênicas

Pai-Nosso

A Oração Ecumênica de Jesus*
que se encontra no Seu Evangelho segundo Mateus, 6:9 a 13.

Pai Nosso, que estais no Céu
(e em toda parte ao mesmo tempo),
santificado seja o Vosso Nome.
Venha a nós o Vosso Reino (de Justiça e de Verdade).
Seja feita a Vossa Vontade (jamais a nossa vontade)
assim na Terra como no Céu.
O pão nosso de cada dia dai-nos hoje
(o pão transubstancial, a comida que não perece,
o alimento para o Espírito; porque o pão para o corpo,
iremos consegui-lo com o suor do nosso rosto).

---

* **Nota do autor**: Todos podem rezar o *Pai-Nosso.* Ele não se encontra adstrito a crença alguma, por ser uma oração universal, consoante o abrangente Espírito do Cristo Ecumênico. Qualquer pessoa, até mesmo ateia (por que não?!), pode proferir suas palavras sem sentir-se constrangida. É o filho que se dirige ao Pai, ou é o Ser Humano a dialogar com a sua elevada condição de criatura vivente. Trata-se da Prece Ecumênica por excelência.

Perdoai as nossas ofensas,
assim como nós perdoarmos aos nossos ofensores.
Não nos deixeis cair em tentação,
mas livrai-nos do mal,
porque Vosso é o Reino,
e o Poder, e a Glória para sempre.
Amém!

BEM-AVENTURANÇAS DE JESUS NO EVANGELHO E NO APOCALIPSE

EVANGELHO DO CRISTO SEGUNDO MATEUS, 5:1 A 12, DA MAGNÍFICA FORMA COM QUE ALZIRO ZARUR A PROFERIA.

"Jesus, vendo a multidão, subiu ao monte.
Sentando-se, aproximaram-se Dele os Seus discípulos
e Jesus ensinava, dizendo":

Bem-aventurados os humildes,
porque deles é o Reino do Céu.
Bem-aventurados os que choram,
porque eles serão consolados pelo próprio Deus.
Bem-aventurados os pacientes,
porque eles herdarão a Terra.
Bem-aventurados os que têm fome e sede de Justiça,
porque eles terão o amparo da Justiça Divina.
Bem-aventurados os misericordiosos,
porque eles alcançarão misericórdia.
Bem-aventurados os limpos de coração,
porque eles verão Deus face a face.

Bem-aventurados os pacificadores,
porque eles serão chamados filhos de Deus.
Bem-aventurados os que são perseguidos por causa da Verdade, porque deles é o Reino do Céu.
Bem-aventurados sois vós, quando vos perseguem,
quando vos injuriam e, mentindo,
fazem todo o mal contra vós por minha causa.
Exultai e alegrai-vos,
porque é grande o vosso galardão no Céu.
Porque assim foram perseguidos os Profetas que vieram antes de vós.

As Sete Bem-Aventuranças do Apocalipse*

Não somente o Evangelho de Jesus registra Bem-Aventuranças, como as do Sermão da Montanha. Os estudiosos do Apocalipse também as encontram em suas páginas iniciáticas e decifráveis aos que têm olhos de ver e ouvidos de ouvir.

Primeira

— Bem-Aventurados aqueles que leem e aqueles que ouvem as palavras da profecia deste Livro e guardam as coisas nele escritas, pois o Tempo está próximo (1:3).

Segunda

— Então ouvi uma voz do céu, que me dizia: Escreve: Bem-Aventurados os mortos que desde agora morrem no Senhor. Doravante, diz o Espírito, que descansem das suas fadigas, pois as suas obras os acompanham (14:13).

---

* **As Sete Bem-Aventuranças do Apocalipse** — A íntegra do documento de Paiva Netto sobre este tema pode ser lida em seu livro *As Profecias sem Mistério*, outro volume da série *O Apocalipse de Jesus para os Simples de Coração,* que, com as obras *Somos todos Profetas* e *Apocalipse sem medo*, já vendeu mais de um 1,5 milhão de exemplares. Adquira a coleção pelo *site* www.elevacao.com.br.

Terceira

— Eis que venho como vem o ladrão. Bem-Aventurado aquele que vigia e guarda as suas vestiduras, para não andar nu, e não se veja a sua vergonha (16:15).

Quarta

— Então me falou o Anjo: Escreve: Bem-Aventurados aqueles que são chamados à ceia das bodas do Cordeiro. E acrescentou: São estas as verdadeiras palavras de Deus (19:9).

Quinta

— Bem-Aventurados e santos aqueles que têm parte na primeira ressurreição. Sobre esses a segunda morte não tem autoridade, pelo contrário, serão sacerdotes de Deus e de Cristo Jesus, e reinarão com Ele os mil anos (20:6).

Sexta

— Eis que venho sem demora. Bem-Aventurado aquele que guarda as palavras da profecia deste Livro (22:7).

Sétima

— Bem-Aventurados aqueles que lavam as suas vestiduras no sangue do Cordeiro, para que lhes assista o direito à Árvore da Vida Eterna, e entrem na cidade pelas portas (22:14).

PAI-NOSSO MAOMETANO

"AL-FÁTIHA"*
(A ABERTURA)

1 *Em nome de Deus, o Clemente, o Misericordioso.*
2 *Louvado seja Deus, Senhor do Universo,*
3 *O Clemente, o Misericordioso,*
4 *Soberano do Dia do Juízo.*
5 *Só a Ti adoramos, e só de Ti imploramos ajuda!*
6 *Guia-nos à senda reta,*
7 *À senda dos que agraciaste, não à dos abominados, nem à dos extraviados.*

---

* Esta é a primeira Surata do Alcorão Sagrado, cuja versão portuguesa que escolhemos é a traduzida pelo conceituado professor Samir El-Hayek. A designação "Pai-Nosso Maometano" foi dada, em 1958, pelo dr. Juan Vernet, catedrático de Língua Árabe da Universidade de Barcelona.

PRECE DE ISMAEL – GUIA ESPIRITUAL DO BRASIL

Glória a Deus nas Alturas, Paz na Terra aos de Boa Vontade!

Jesus, Bom e Amado Mestre, sustenta os Teus humildes irmãos pequeninos nas lutas desta vida!

Anjo Bendito do Senhor, abre sobre nós as Tuas Brancas Asas e abriga-nos de todo o mal!

Levanta os nossos Espíritos à Majestade do Teu Reino e infunde, em todos nós, a luz do Teu imenso Amor.

Jesus! Por Tua Sagrada Paixão, pelos Teus martírios na cruz, dá a todos os que ainda nos encontramos presos ao pesado fardo da matéria a orientação perfeita no caminho da virtude, o único pelo qual podemos Te encontrar.

Jesus! Paz a todos, misericórdia àqueles que pensam ser nossos adversários! Recebe, Senhor, no Teu Seio Bendito, a Prece dos últimos dos Teus servos.

Bendita Estrela, Farol das imortais falanges, purifica-nos com Teus raios divinos; e lava-nos de todos os males e atrai-nos para junto do Teu Seio, Santuário Bendito de todos os amores!

Se o mundo – com os seus erros, paixões e ódios – alastra o caminho de espinhos, escurecendo o nosso horizonte com as trevas do pecado, rebrilha-o mais com a Tua misericórdia; para que, seguros e apoiados no Teu Santo Evangelho, possa-

mos trilhar e vencer as escabrosidades do caminho e assim chegar às moradas do Teu Reino.

Amiga Estrela, Farol dos pecadores e dos justos, abre o Teu Seio Divino e recebe a nossa súplica pela Humanidade inteira.

Que assim seja!

Prece Diária (Xintoísta)

Onisaburo Deguĉi
cofundador da Oomoto (Vertida do Japonês
para o Esperanto por Shigeki Maeda[*1])

Ó Deus amado, permiti que oremos discretamente:

De manhã e ao anoitecer, purificando-nos dos pecados, a Vós oramos com sinceridade.

Tomando isso por um bem, fazei-nos pregar o caminho do amor e da verdadeira crença divina, segundo os ensinamentos do Senhor Deus, até os confins da vasta Terra.

*Tende a bondade de deixar-nos aspirar por esse caminho, com fé, unânimes e sem distinção de idade, sem maus pensamentos, sem más ações; se houver pecados que cometemos inconscientes, tende a bondade de julgá-los com generosidade, perdoando-nos em nome de Kannaohi e Oonaohi[*2], e fazei-nos participar da grande causa sagrada, a fim de realizarmos o Reino Celeste na Terra.*

Entre outras coisas, acolhei o nosso pedido:

Guardai e favorecei, benévolo, tanto essa família como também as famílias de todas as pessoas no mundo inteiro.

Então, é com humildade, respeito e afeição que a Vós oramos, Caríssimo Deus.

[*1] Prece gentilmente remetida a José de Paiva Netto pelo professor Shigeki Maeda, diretor da Oomoto Internacional (religião fundamentada no Xintoísmo, de origem japonesa, com preceitos universalistas). A oração foi vertida do Esperanto para o Português pelo respeitado professor Benedicto Silva.

[*2] **Kannaohi:** espírito primário de Deus. **Oonaohi:** a essência da alma humana.

ALÊNU — É NOSSO DEVER

(PRECE JUDAICA)

Cumpre-nos pronunciar o louvor do Senhor do mundo, a grandeza do Criador do universo. Foi Ele que nos confiou o Seu sagrado serviço como incumbência eterna.

Inclinemo-nos, pois, humildes e gratos, diante do Rei Majestoso, que em Sua suprema sabedoria faz e mantém os céus e a terra. Ele é nosso Deus, Ele é nosso Rei. Como está escrito em Sua Torá: Compreenderás hoje e gravarás em teu coração que o Eterno é Deus nos céus em cima e na terra em baixo, somente Ele.

Por isso esperamos com impaciência que não seja remoto o momento em que somente Tu serás venerado no mundo inteiro. Naquele dia todos os seres vivos serão unidos pelo Teu ensinamento, em paz, em justiça e em compreensão mútua. Será o verdadeiro reino divino neste mundo, cuja concretização nos foi prometida pelas palavras dos Teus mestres e profetas: o Eterno reinará por todo o sempre.

E mais ainda nos foi anunciado: O Eterno será Rei sobre toda a terra; naquele dia Ele será Um e Seu nome será proclamado por todos: Escuta, ó Israel, o Eterno é nosso Deus, o Eterno é Único.

(Fonte: Oração extraída do *Siddur*, tradicional livro judaico de orações)

BIBLIOGRAFIA

A Bíblia de Jerusalém. São Paulo: Paulus Editora, 1995.

A Bíblia Sagrada — Antigo e Novo Testamento. Tradução para o português de João Ferreira de Almeida. Brasília: Sociedade Bíblica do Brasil, 1969.

A Bíblia Sagrada — Novo Testamento. Tradução do Padre Matos Soares. Porto: Grandes Oficinas Gráficas da Sociedade de Papelaria, 1954. 4 v.

Antologia da Boa Vontade. Antiga publicação da LBV. Rio de Janeiro, 1955.

BEAUVOIR, Simone de. **Mémoires d'une jeune fille rangée**. Paris: Gallimard, 1958.

KING, Coretta Scott. **As palavras de Martin Luther King**. Tradução: Maria Luiza X. de A. Borges. Rio de Janeiro: Zahar, 2010.

O Alcorão Sagrado. 1ª edição. Tradução do professor Samir El-Hayek. São Paulo: Tangará, 1975.

O Talmud (excertos). 2. ed. rev. Tradução, introdução e posfácio de Moacir Amâncio. São Paulo: Iluminuras, 1995.

PAIVA NETTO, José de. **Apocalipse sem medo**. São Paulo: Elevação, 1996.

______________________. **Ao Coração de Deus — Coletânea Ecumênica de Orações**. São Paulo: Elevação, 1991.

______________________. **Apocalipse sem medo**. 18. ed. São Paulo: Elevação, 2000.

______________________. **As Profecias sem Mistério**. São Paulo: Elevação, 1998.

______________________. **Epístola Constitucional do Terceiro Milênio**. 1. ed. São Paulo: Legião da Boa Vontade, 1988. 90 p. (Coleção do Bolso de Cima).

____________________. **Dialética da Boa Vontade — Reflexões e pensamentos**. São Paulo: Legião da Boa Vontade, 1987. 254p.

____________________. **Diretrizes Espirituais da Religião de Deus**. São Paulo: Religião de Deus, 1987. v. 1; 1991. v. 2; 3. ed., 1996. v. 3.

____________________. **Livro de Deus — Religião, filosofia, ciência e política de Deus**. 25. ed. São Paulo: Religião de Deus, 1982.

____________________. **Mãezinha, deixe-me viver!**. São Paulo: Legião da Boa Vontade, 1989.

____________________. "Manifesto da Boa Vontade". **Revista LBV** nº 23. São Paulo: Legião da Boa Vontade, 1991.

____________________. **O Capital de Deus**. No prelo.

____________________. **Paiva Netto — Crônicas e Entrevistas**. São Paulo: Elevação, 2000.

____________________. **Reflexões da Alma**. 54. ed. São Paulo: Elevação, 2004. 224 p.

____________________. **Somos todos Profetas**. 44. ed. São Paulo: Elevação, 1999.

Manual da Pedagogia do Afeto e da Pedagogia do Cidadão Ecumênico. São Paulo: Elevação, 2010.

RAMACHARAKA, Yogui. **Curso Adiantado de Filosofia Yogui**. 4ª edição. São Paulo: O pensamento, 1940.

Revista Paz para o Milênio. São Paulo: Religião de Deus, 2000.

Revista Ciência e Fé na Trilha do Equilíbrio. São Paulo: Elevação, 2000.

Revista BOA VONTADE, de 1º de maio de 1956. São Paulo: Legião da Boa Vontade, 1956.

Revista LBV nº 25, ano III, abril, maio e junho de 1992. São Paulo: Legião da Boa Vontade, 1992.

SAGAN, Carl. **Contact**. New York: Pocket Books, 1986.

XAVIER, Francisco Cândido. Emmanuel. **Fonte Viva**. 29ª edição. Rio de Janeiro: FEB, 1956.

___________________________. André Luiz. **Nosso Lar**. Rio de Janeiro: FEB, 1944.

___________________________. Emmanuel. **A Caminho da Luz**. 16. ed. Rio de Janeiro: FEB, 1939, p. 108.

Índice (ordem alfabética)

ÍNDICE DE NOMES

Cida Linares

BIOGRAFIA

Biografia

José de Paiva Netto, escritor, jornalista, radialista, compositor e poeta, nasceu em 2 de março de 1941, no Rio de Janeiro/RJ, Brasil. É diretor-presidente da Legião da Boa Vontade (LBV), membro efetivo da Associação Brasileira de Imprensa (ABI), da Associação Brasileira de Imprensa Internacional (ABI-Inter). Filiado à Federação Nacional dos Jornalistas (Fenaj), à International Federation of Journalists (IFJ), ao Sindicato dos Jornalistas Profissionais do Estado do Rio de Janeiro, ao Sindicato dos Escritores do Rio de Janeiro, ao Sindicato dos Radialistas do Rio de Janeiro e à União Brasileira de Compositores (UBC). Integra também a Academia de Letras do Brasil Central.

Entre as inúmeras homenagens recebidas, foi agraciado com a Medalha do 1º Centenário da Academia Brasileira de Letras (ABL), nomeado Comendador da Ordem do Rio Branco, pelo Ministério das Relações Exteriores, e condecorado com o Grau de Comendador, pelo Conselho da Ordem do Mérito Aeronáutico, e com a Medalha do Pacificador, pelo Ministério do Exército brasileiro.

A sua infância e juventude foram marcadas por uma preocupação incomum com temas espirituais, filosóficos, educativos, sociais, políticos, científicos e econômicos, além de um profundo senso de auxílio aos necessitados.

Estudou no tradicional Colégio Pedro II, na capital fluminense, do qual recebeu o título de Aluno Eminente, sendo homenageado com placa de bronze na sede desse conceituado Colégio-Padrão. Em 1956, ainda adolescente, iniciou sua jornada vitoriosa ao lado do saudoso fundador da Instituição, o pensador, jornalista, radialista, escritor, poeta brasileiro Alziro Zarur (1914-1979). Foi um de seus principais assessores durante quase um quarto de século. Para se dedicar totalmente à LBV, abandonou sua vocação para a Medicina. Mais tarde, tornou-se secretário-geral da Legião da Boa Vontade (cargo equivalente ao de vice-presidente) e, com o falecimento de Zarur, sucedeu-o.

Compositor e produtor musical, foi aluno do professor Homero Dornelas (1901-1990), assessor do notável Villa-Lobos (1887-1959). Elaborou a *Marcha dos Soldadinhos de Deus*, cantada pela primeira vez em 21/4/1960, pelas crianças amparadas pelo Instituto São Judas Tadeu, no Rio, onde colaborava como voluntário. A apresentação foi uma homenagem a Brasília, que o presidente Juscelino Kubitschek (1902-1976) inaugurava naquela data.

Entre as múltiplas atividades que desenvolvia inicialmente, foi sonoplasta dos programas de Zarur, o que acentuou ainda mais seu ouvido musical. Não obstante a extrema dedicação à causa da Boa Vontade, sua ligação com a música não se perderia.

Seu primeiro sucesso, um tributo ao povo baiano, com o disco *Negrada — Jesus, o Grande Libertador!* (1º/4/1983, Salvador/BA), vendeu 100 mil cópias, conquista inédita no gênero erudito. A obra ganhou os palcos do Theatro Municipal do Rio de Janeiro, também em abril de 1983, sob a regência do conceituado maestro Isaac Karabtchevsky.

A estreia de *Negrada — Jesus, o Grande Libertador!* teve o arranjo do professor Darcy Augusto Malheiros e, para o concerto com a Orquestra Sinfônica Brasileira (OSB), a orquestração foi do maestro Osman Giuseppe Gióia. Depois, na Bulgária, Europa, foi gravada com orquestração de Alexander Yossifov e a regência do maestro Ricardo Averbach, discípulo destacado do ilustre Vladi Simeonov.

A partir da década de 1980, suas composições foram apresentadas em Florianópolis/SC, Salvador/BA, Rio de Janeiro/RJ, Curitiba/PR, Belo Horizonte/MG, Brasília/DF, São Paulo/SP, Porto Alegre e Nova Petrópolis/RS, entre outras cidades, em que o repertório contou também com diversas produções dele, dedicadas a Maria Santíssima, com as quais homenageia o Brasil e vários de seus Estados. Destaque para os concertos realizados no ano 2000, pioneiros em caráter beneficente na Bulgária, produzidos pelo maestro José Eduardo de Paiva e regidos por Bedros Papazian.

Ressalta-se a sua parceria com o maestro Almeida Prado, com o qual escreveu a *Sinfonia Apocalipse* (1987), cuja primeira audição mundial deu-se a 21/10/1989, com a Orquestra Sinfônica do Teatro Nacional Claudio Santoro, em Brasília, capital brasileira, durante a inauguração do Templo da Boa Vontade (1989), para cerca de 50 mil pessoas, que teve a regência de Achille Picchi; e, ainda, a *Suíte Aquarius — A Dança dos Mundos*, orquestração do compositor búlgaro Alexander Yossifov. Gravadas nas terras de Pancho Vladiguerov, a primeira pelo Coro e Orquestra da Rádio Nacional da Bulgária, e a segunda pela Sofia Chamber Players Orchestra. O *Novo Mandamento de Jesus*, do Oratório *O Mistério de Deus Revelado,* foi apresentado, em 2000, na Sede da ONU (Organização das Nações Unidas), pelo Coral Ecumênico Boa Vontade.

O Oratório *O Mistério de Deus Revelado* foi escrito em Portugal, no Rio de Janeiro e no Rio Grande do Sul (1998), Brasil, sob a inspiração do genial Villa-Lobos. Gravada pelo Coro Capela Svetoslav Obretenov, da Bulgária, a obra superou a marca de 500 mil cópias vendidas, conquistando um disco de platina duplo. Em 9/4/2006, o Oratório teve sua primeira audição mundial em inglês na Convent Avenue Baptist Church, em Nova York, EUA, no Concerto da Semana Santa, sob a regência do maestro e pastor Gregory Hopkins e com a participação do The Sanctuary Choir, composto de afro-americanos.

Em 20/6/2006, nove dias antes de completar 50 anos de trabalho na LBV, foi homenageado pela direção do centenário Theatro São Pedro, de Porto Alegre, na pessoa da ilustre empresária cultural Eva Sopher, com a *Noite Cultural Emoções e Memórias*, evento que ficou para a história da Casa. As melodias dele foram apresentadas pela Orquestra de Câmara do Theatro São Pedro e pelo Coral Ecumênico Boa Vontade, sob a regência do maestro Antônio Carlos Borges Cunha. Nova Petrópolis foi outra cidade gaúcha que, em 2006, também executou obras do autor.

Ao longo dos anos, os trabalhos dele receberam comentários de maestros, compositores e críticos musicais de renome, como Dorival Caymmi (1914-2008), Ricardo Cravo Albin, Francisco Mignone (1897-1986), Ricardo Averbach, José do Espírito Santo (1927-2005), Hélio Rosa e Alexander Yossifov (com quem escreveu um concerto para piano e orquestra). A obra fonográfica de Paiva Netto vendeu milhões de cópias.

À frente da Legião da Boa Vontade desde 1979, multiplicou os programas de Promoção Humana, Social e Educacional da Instituição, por exemplo, com suas escolas-modelo, as quais servem para projetos ainda maiores, a que ele se tem dedicado há bastante tempo: a reeducação com Espiritualidade Ecumênica, consubstanciada na Pedagogia da Boa Vontade, que propõe um modelo novo de aprendizado, aliando Cérebro e Coração. Ela possui fundamentalmente dois segmentos: Pedagogia do Afeto e Pedagogia do Cidadão Ecumênico. Essa proposta educacional, cuja metodologia é aplicada com sucesso na rede de ensino e nos programas socioeducacionais desenvolvidos pela Legião da Boa Vontade, no Brasil e no exterior, está presente também nos lares para crianças, jovens e Terceira Idade; Centros Comunitários e Educacionais; e polos esportivos e culturais. *"Fundamenta-se nos valores oriundos do Amor Fraterno, trazido à Terra por diversos luminares, destacadamente Jesus, o Cristo Ecumênico, o Divino Estadista"*, afirma o criador da proposta, o educador Paiva Netto. A Pedagogia do Afeto destina-se às crianças de até 10 anos de idade, aliando sentimento ao desenvolvimento cognitivo dos pequeninos, de forma que carinho e afeto permeiem todo o conhecimento e os ambientes de suas vidas, incluído o escolar. Na continuidade do processo de aprendizagem, a Pedagogia do Cidadão Ecumênico é direcionada à educação de adolescentes e adultos, dispondo o indivíduo a viver a Cidadania Ecumênica, firmada no exercício pleno da Solidariedade planetária. Tem como bandeira o Novo Mandamento de Jesus, o Cristo Ecumênico: *"Amai-vos como Eu vos amei. Somente assim podereis ser reconhecidos como meus discípulos. Não há maior Amor do que doar a própria Vida pelos seus amigos"* (Evangelho segundo João, 13:34 e 35 e 15:13).

A permanente preocupação do dirigente da LBV de propiciar às camadas sofridas da sociedade acesso a uma Educação que prima por aliar a instrução à Espiritualidade Ecumênica é, no dizer do professor Arnaldo Niskier, membro da Academia Brasileira de Letras (ABL), *"um esforço notável. Paiva Netto está trazendo uma metodologia escolar inédita, que precisa de professores especializados que não estão disponíveis na praça e, portanto, terão de ser preparados dentro de uma sistemática original e revolucionária do ponto de vista pedagógico"*.

A fama de tal empreendimento levou o saudoso jornalista Ibrahim Sued (1929-1995) a escolher Paiva Netto para uma entrevista sobre os rumos da Educação, tendo sido a última grande reportagem da longa e vitoriosa carreira de Ibrahim, considerado o pioneiro do colunismo social do Brasil, por ter entrevistado poucas e seletas personalidades, entre as quais o presidente norte-americano John Kennedy (1917-1963), o papa Paulo VI (1897-1978) e, na inauguração da cidade de Brasília, o presidente Juscelino Kubitschek. A Pedagogia do Cidadão Ecumênico também recebeu elogiosos comentários de personalidades do mundo inteiro, presentes à Reunião do Alto Nível do Ecosoc, ocorrida na sede das Nações Unidas em Genebra (Suíça), em julho de 2007. Na ocasião, manifestou-se a diretora do Departamento de Erradicação da Pobreza do Ministério do Planejamento Econômico e Empoderamento da República da Tanzânia, Anna Mwasha:

"A LBV está fazendo um trabalho maravilhoso, principalmente garantindo que as crianças recebam uma Educação com qualidade e valores. São valores diferenciados, que

desenvolvem seu cérebro e coração. No futuro, essas crianças farão toda a diferença na sociedade, mudando-a completamente, fazendo a Paz predominar por toda parte. Isso me deixou muito emocionada. Nos países mais desenvolvidos, fala-se muito em melhorar a qualidade da Educação, mas entendo que a Legião da Boa Vontade luta, principalmente, por formar o caráter das crianças com valores como o Amor e fazer com que elas se tornem calmas, conscientes. Uma Educação firmada nesses valores pode mudar completamente uma sociedade, fazer as pessoas viver em Paz e, dessa forma, melhorar o mundo inteiro. Daí o símbolo da LBV, com o coração azul. Essa logomarca significa muito, pois quer dizer Amor; é um símbolo global. E se alguém tem Amor, sabemos que a Paz estará lá, que o desenvolvimento estará lá. Por essas pequenas coisas é que você poderá espiritualmente — e até academicamente — compartilhar com os outros. Então, com os poucos recursos que uma pessoa possa ter, se lá estiver o Amor, é possível compartilhar e levar o desenvolvimento para muitos".

É um trabalho que não tem fronteiras e empolga outras nações. Atualmente, essa iniciativa solidária é desenvolvida pela Legião da Boa Vontade da Argentina, do Paraguai, do Uruguai, da Bolívia, de Portugal e dos Estados Unidos, além de diversas outras regiões do mundo.

A LBV foi a primeira organização do Terceiro Setor do Brasil a associar-se ao Departamento de Informação Pública das Nações Unidas (DPI), a partir de 1994. Em 1999, tornou-

-se também a primeira associação civil brasileira a conquistar na ONU o *status* consultivo geral no Conselho Econômico e Social (Ecosoc). E, em 2000, passou a integrar a Conferência das ONGs com Relações Consultivas para as Nações Unidas (Congo), em Viena, na Áustria. Por sinal, no Ecosoc tem participado ativamente das principais reuniões do órgão, contribuindo com importantes documentos e publicações, editados em diversos idiomas e entregues a chefes de Estado, conselheiros ministeriais e representantes da sociedade civil. Entre esses materiais, destaque para as revistas *Sociedade Solidária*, *Paz para o Milênio* e *Globalização do Amor Fraterno*. Esta última, encaminhada para a reunião do *High-Level Segment* 2007, realizada no Palais des Nations, escritório central da ONU em Genebra (Suíça), foi recebida com muito entusiasmo pelo secretário-geral das Nações Unidas, Ban Ki-moon, quando da sua visita ao estande da LBV no evento. O secretário referendou seu apoio à LBV ao assinar a capa da revista e ratificou seus votos de muito sucesso para todas as ações empreendidas pela Legião da Boa Vontade. Além do papel de mobilizar a sociedade civil em torno dos oito Objetivos de Desenvolvimento do Milênio (ODMs), a LBV é cofundadora do Comitê de Espiritualidade, Valores e Interesses Globais, na ONU, da qual é vice-presidente.

Em 21 de outubro de 1989, Paiva Netto fundou, em Brasília/DF, capital do Brasil, o Templo da Boa Vontade (TBV), com a presença de mais de 50 mil participantes. O TBV é o polo do Ecumenismo Irrestrito, que preconiza a conciliação de todas as criaturas e povos da Terra, e do Ecumenismo Total, que proclama a urgente necessidade da comunhão entre a Humanidade da Terra e a Humanidade do Céu. Por isso, é conhecido também como o Templo dos Espíritos Luminosos ou das Almas Benditas, pois, afinal, os mortos não morrem. O TBV, admirado ainda pela arquitetura arrojada, que reflete sua Espiritualidade universalista, é considerado a maior construção em forma de pirâmide do século 20 pelo tradicional *Diário de Notícias*, de Lisboa, Portugal. Também por iniciativa de Paiva Netto, foi fundado, em 1994, no Natal de Jesus, ao lado do Templo da Paz, na presença de mais de 100 mil pessoas, o Parlamento Mundial da Fraternidade Ecumênica, o ParlaMundi da LBV, obra que integra o conjunto arquitetônico mais visitado de Brasília (na Quadra 915 Sul), segundo a Secretaria de Estado de Turismo do Distrito Federal (Setur), que já recebeu desde que abriu suas portas mais de 20 milhões de peregrinos.

Próximo da inauguração do TBV, o ex-presidente dos Estados Unidos e Prêmio Nobel da Paz (2002) Jimmy Carter e a então primeira-ministra da Inglaterra, Margaret Thatcher, manifestaram a sua admiração pela empreitada.

Por ensejo da inauguração do ParlaMundi, Madre Teresa de Calcutá (1910-1997), Prêmio Nobel da Paz de 1979, felicitou o dirigente da LBV pela iniciativa: *"Prezado sr. José de Paiva Netto, confio-lhe as minhas preces por todos. Que as bênçãos de Deus estejam com vocês da Legião da Boa Vontade, e que muitas pessoas conheçam o Amor de Jesus através do Parlamento Mundial da Fraternidade Ecumênica e mantenham viva a Boa Nova de Seu Amor no mundo, amando uns aos outros como Ele nos amou. Que Deus os abençoe".*

Outros destacados chefes de Estado, a exemplo do ex-presidente de Cuba Fidel Castro, além de personalidades agraciadas com o Prêmio Nobel da Paz, enalteceram a causa defendida por Paiva Netto, por exemplo: o arcebispo anglicano Desmond Tutu (África do Sul); o escritor argentino Adolfo Pérez Esquivel; o presidente do Timor Leste, dr. José Ramos-Horta; a ativista internacional dos Direitos Humanos sra. Shirin Ebadi; e Yasser Arafat (1929-2004), ex-presidente da Autoridade Palestina.

Para homenagear as personalidades que se distinguem em suas áreas de atuação em prol da difusão da Paz e da Solidariedade no Brasil e no mundo, Paiva Netto instituiu a Comenda da Ordem do Mérito da Fraternidade Ecumênica, prêmio que, desde 1996, é entregue anualmente. Entre os que já receberam a Comenda da LBV destacam-se os estadistas Mário Soares (ex-presidente e ex-primeiro-ministro de Portugal) e Nelson Mandela (Prêmio Nobel da Paz de 1993 e primeiro presidente negro da África do Sul, de 1994 a 1999); o Dalai-Lama Tenzin Gyatso (líder tibetano e Prêmio Nobel da Paz de 1989); o ex-secretário-geral da ONU Kofi Annan; o Atleta do Século 20, Pelé; Francisco Cândido Xavier, médium espírita

(1910-2002); e dom Hélder Câmara (1909-1999), ex-arcebispo de Olinda e Recife. Além desses, outros grandes nomes de diversos ramos da sociedade brasileira e mundial foram homenageados pela sessão especial da Ordem do Mérito da Fraternidade Ecumênica, entregue nos Estados Unidos, por ocasião do *Brazilian Day in New York*. Realizado anualmente no coração de Manhattan, para celebrar a Independência do Brasil, o festival recebe todo ano mais de um milhão de pessoas, firmando-se como uma das mais populares festas da *Big Apple*.

O líder da Legião da Boa Vontade criou ainda, em 2000, o Fórum Mundial Espírito e Ciência, da LBV, que se tornou o maior movimento mundial do gênero na formação de novos paradigmas do pensamento humano, fundamentados na convergência e no intercâmbio entre o conhecimento científico e as diversas tradições religiosas, havendo dele já participado nomes como o do astronauta norte-americano Edgar Mitchell, membro da tripulação da Apollo 14, sexto homem a pisar a superfície lunar; de Alexander Lazutkin, cosmonauta russo que fez parte da tripulação da Missão MIR-23; dos físicos quânticos e escritores Amit Goswami (Estados Unidos), Patrick Drouot (França), Waldyr Rodrigues (Brasil); do astrônomo brasileiro Ronaldo Rogério de Freitas Mourão; do psicólogo e educador francês Pierre Weil (1924-2008); do lama tibetano Chagdud Tulku Rinpoche, além de outras importantes personalidades.

O evento propõe mais do que um permanente debate teórico, estimulando a implementação de suas propostas no campo pragmático das realizações da sociedade. Fundou também a Academia Jesus, o Cristo Ecumênico, composta pelo Instituto de Estudo e Pesquisa da Ciência da Alma e pelo Instituto de Estudo, Pesquisa e Vivência do Novo Mandamento de Jesus.

Para propagar a Cidadania Espiritual (conceito preconizado por ele), Paiva Netto criou a Super Rede Boa Vontade de Rádio (Super RBV), a Boa Vontade TV, a Rede Educação e Futuro de Televisão, a TV Ecumenismo, além das revistas *Jesus Está Chegando!* e BOA VONTADE.

Nas últimas cinco décadas, Paiva Netto notabilizou-se na área da comunicação: além de bem-sucedido escritor (mais de 4 milhões de exemplares vendidos) e radialista, tornou-se jornalista influente. Faz da palavra escrita a porta-voz de campanhas em favor da Vida, da Fraternidade, da Espiritualidade Ecumênica, levando a mensagem da Legião da Boa Vontade aos mais distantes rincões do planeta.

É comum encontrar artigos do dirigente da LBV publicados em importantes jornais e revistas nacionais e internacionais. Hoje, estima-se que cerca de dois mil veículos de mídia impressa e *on-line* já divulgaram textos seus, a exemplo do *Diário de Notícias, Jornal de Coimbra, O Comércio de Gaia, Campeão das Províncias, O Primeiro de Janeiro, Notícias de Gaia, Voz do Rio Tinto, Grande Porto, Jornal da Maia, Diário do Minho, Cor-*

reio da Manhã, Maia Hoje, Festival Jornal, O Público, O Comércio do Porto, Jornal de Notícias, Jornal de Gaia, Jornal de Viseu (Portugal); *Time South, Jeune Afrique, African News* (África); *Daily Post, Business Week, Link* (EUA); *Clarín, Noticeiro Vecinal* (Argentina); *Jornada, El Diário* (Bolívia); *ABC Color, El Diario Notícias, La Nación, Diario Popular* (Paraguai); *El Pais, Tiempo* e *Diario Regional de La Mañan* (Uruguai); *El Universal* (México); e da *International Business and Management.*

No Brasil, entre outros destacados veículos da mídia, estão: *Folha de S.Paulo, Notícias Populares* e *Diário Popular* (São Paulo/SP); *Folha da Cidade* (Araraquara/SP); *O Dia, Jornal do Commercio, Tribuna da Imprensa, Gazeta de Notícias* (Rio de Janeiro/RJ); *O Fluminense* (Niterói/RJ), *A Voz da Serra* (Nova Friburgo/RJ); *A Cidade* (Campos/RJ); *A Gazeta* (Vitória/ES); *Estado de Minas* e *Hoje em Dia* (Belo Horizonte/MG); *O Tempo* (Araxá/MG); *A Tarde, Correio da Bahia* e *Tribuna da Bahia* (Salvador/BA); *Gazeta de Alagoas, Tribuna de Alagoas* (Maceió/AL); *O Dia* (Teresina/PI); *Jornal Pequeno* e *O Imparcial* (São Luís/MA); *Diário de Pernambuco* e *Folha de Pernambuco* (Recife/PE); *O Norte* e *Correio da Paraíba* (João Pessoa/PB); *Diário da Borborema* e *Jornal da Paraíba* (Campina Grande/PB); *Diário de Natal* (Natal/RN); *O Povo* e *Diário do Nordeste* (Fortaleza/CE); *O Liberal* e *Diário do Pará* (Belém/PA); *A Crítica* e *Amazonas em Tempo* (Manaus/AM); *Correio Braziliense, Jornal de Brasília, Tribuna do Brasil* e *Alô Brasília* (Brasília/

DF); *A Crítica* e *Correio do Estado* (Campo Grande/MS); *Diário da Manhã* (Goiânia/GO); *Diário de Cuiabá* (Cuiabá/MT); *O Sul* e *Zero Hora* (Porto Alegre/RS); *A Tribuna Regional* (Santo Ângelo/RS); *Diário Catarinense* (Florianópolis/SC); *A Notícia* (Joinville/SC); *O Momento* (Lages/SC); *Diário do Litoral* (Itajaí/SC); *Folha de Londrina* (Londrina/PR); *Gazeta do Povo* e *O Estado do Paraná* (Curitiba/PR). Sobre esse aspecto de sua personalidade, o escritor norte-americano Errol Lincoln Uys observou: *"Paiva Netto, sendo um homem prático, não deixa de ter alma de poeta"*. Segundo a definição do eminente professor, jurisconsulto e tratadista José Cretella Júnior, *"é um exímio estilista, sempre em dia com as novas"*. E, na opinião do mestre de professores Moacir C. Lopes, *"é um escritor de muito talento"*.

TBV — 21 anos

O Templo da Boa Vontade é aclamado pelo povo uma das Sete Maravilhas de Brasília/DF

Aclamado pelo povo uma das Sete Maravilhas de Brasília/DF, Brasil, o Templo da Boa Vontade (TBV), símbolo maior do Ecumenismo Divino, é o monumento mais visitado da capital federal, segundo dados oficiais da Secretaria de Estado de Turismo do Distrito Federal (Setur). Desde que foi fundado por Paiva Netto, em 21/10/1989, já recebeu mais de 20 milhões de peregrinos. Na foto, da esquerda para a direita, o Parlamento Mundial da Fraternidade Ecumênica, o ParlaMundi da LBV, a sede administrativa e o TBV. Visite: SGAS 915, lotes 75/76. Informações: (61) 3245-1070/www.tbv.com.br (disponível em alemão, árabe, chinês, espanhol, esperanto, francês, inglês, italiano e português).

André Fernandes

BOA VONTADE TV

NET

CIDADES: AMAZONAS: Manaus; RIO DE JANEIRO: Angra dos Reis, Barra Mansa, Resende; SÃO PAULO: Americana, Araçatuba, Araraquara, Araras, Catanduva, Hortolândia, Itapetininga, Limeira, Mogi-Guaçu, Mogi-Mirim e Rio Claro.

SKY (canal 23)

Saiba se a sua cidade tem cobertura da Boa Vontade TV pelo tel.: (11) 3225-4500 ou acesse www.boavontade.com

SUPER REDE BOA VONTADE DE RÁDIO

24 horas no ar

AM 1230 kHz - São Paulo/SP . AM 940 kHz - Rio de Janeiro/RJ . AM 1300 kHz . OC 25 m - 11.895 kHz e OC 31 m - 9.550 kHz e OC 49 m - 6.160 kHz - Porto Alegre/RS . AM 1210 kHz - Brasília/DF . FM 88,9 MHz - Santo Antônio do Descoberto/GO . AM 1350 kHz - Salvador/BA . AM 610 kHz - Manaus/AM . AM 550 kHz - Montes Claros/MG . AM 550 kHz - Sertãozinho, região de Ribeirão Preto/SP . AM 1210 kHz - Uberlândia/MG

Assista à TV e ouça a Rádio pela internet: www.boavontade.com

Correspondência para o autor:
Rua Sérgio Tomás, 740 — Bom Retiro
São Paulo/SP — CEP 01131-010
***E-mail*: paivanetto@lbv.org.br**

Escreva para a Editora Elevação
Rua Doraci, 90 • Bom Retiro
CEP 01134-050 • São Paulo/SP
Tel.: (11) 2836-6478
info@elevacao.com.br
www.elevacao.com.br

ELEVAÇÃO

Rua Doraci, 90 — Bom Retiro
São Paulo/SP — CEP 01134-050
Tel.: (11) 2836-6478
info@elevacao.com.br
www.elevacao.com.br

Cadastro de mala direta

Nome:____
Endereço:_____________________________________
Bairro:_______________________________________
CEP:____
Cidade:______________________________ UF:__
Tel.:____
*E-mail:*_______________________________________
Profissão:_____________________________________
Nascido em: ______/______/______
Sexo: ☐ M ☐ F

Você compra livros em:

☐ Livrarias ☐ Feiras
☐ Por telefone ☐ Reembolso postal
☐ Internet ☐ Outros: _____________

____

Onde você comprou o livro
***É urgente reeducar!*?**

____

____

Impressão e acabamento
Editora Parma LTDA
Tel.:(011) 2462-4000
Av.Antonio Bardella, nº310,Guarulhos,São Paulo-Brasil